Ulrike Bültjer | Anne Iburg

Kleine Aufläufe

Bassermann

Aufläufe

Inhalt/Rezepte

Hinweise zu den Rezepten

Abkürzungen

EL = Esslöffel (gestrichen)
TL = Teelöffel (gestrichen)
Msp. = Messerspitze
P. = Päckchen
g = Gramm
l = Liter
ml = Milliliter
cl = Zentiliter
ca. = circa
Min. = Minute(n)
Std. = Stunde(n)
Ø = Durchmesser
cm = Zentimeter

hinweise zu den rezepten

trifft auf das Rezept zu — **einfach ✓**

trifft auf das Rezept nicht zu — vegetarisch

deftig

für Gäste

< 500 kcal

schnell

preiswert

für Kids

Umrechnungstabelle

1 l = 1000 ml
1 cl = 10 ml
1 Esslöffel = 15 ml
1 Teelöffel = 5 ml
1 Spritzer (dash) = 0,5 ml

Alle Rezepte auf einen Blick

Rezept	Seite	einfach	vegetarisch	deftig	für Gäste	< 500 kcal	schnell	preiswert	für Kids
Rübchenauflauf mit Schweinefilet	10			✔	✔				
Gemüse-Salami-Auflauf	12	✔		✔			✔	✔	
Spinat-Schinken-Auflauf	13	✔			✔		✔	✔	
Türkischer Lammauflauf mit Kichererbsen	14			✔	✔				
Lasagne mit Hackfleisch	15			✔				✔	✔
Moussaka	16			✔				✔	✔
Sauerkraut-Apfel-Auflauf	18	✔		✔	✔				
Italienischer Geflügelleberauflauf mit Rucola	19				✔	✔			
Texanischer Bohnenauflauf mit Hühnerbrust	20	✔		✔				✔	✔
Leberkäseauflauf unter Lauchhaube	21	✔		✔			✔	✔	✔
Holländischer Fleischwurstauflauf	22	✔				✔		✔	✔
Sellerieauflauf mit Roquefort	23	✔			✔	✔			
Lasagne mit Scholle und Mittelmeergemüse	24				✔	✔	✔		
Bunter Räucherfischauflauf	26				✔	✔	✔		
Bücklingsauflauf mit Kartoffelbrei	27	✔		✔				✔	
Fisch-Krabben-Auflauf	28	✔			✔	✔			
Matjes-Kartoffel-Auflauf	29	✔		✔			✔	✔	
Schillerlocken im Kartoffel-Möhren-Beet	30	✔		✔			✔		
Lengfisch mit Käsekruste	32	✔			✔				
Thunfisch-Gemüse-Auflauf	33	✔						✔	✔
Thunfisch-Makkaroni-Auflauf	34	✔				✔	✔	✔	

Rezept	Seite	einfach	vegetarisch	deftig	für Gäste	< 500 kcal	schnell	preiswert	für Kids
Asiatischer Mangold-Fisch-Auflauf	35				✔				
Auberginenauflauf	36		✔	✔	✔			✔	
Paprikagemüse mit Nusskruste	38		✔		✔		✔		
Tomaten-Sprossen-Auflauf	39		✔			✔	✔		
Karamellisierte Süßkartoffeln mit Kohlrabi	40		✔	✔				✔	
Eier-Mangold-Auflauf	42		✔					✔	
Gemüseauflauf à la Mexiko	43	✔	✔			✔	✔	✔	
Überbackene Pfannkuchenschnecken	44			✔				✔	✔
Gratinierte Champignonköpfe	45	✔	✔			✔	✔	✔	
Überbackener Fenchel	46		✔		✔	✔			
Kürbis-Möhren-Auflauf	48	✔	✔			✔		✔	
Kohlrabi-Zuckerschoten-Auflauf	49		✔		✔	✔	✔		
Gefüllte Paprikaschoten	50	✔						✔	✔
Cannelloni mit Spinatfüllung in Petersiliensauce	52				✔			✔	✔
Nudelauflauf	54	✔		✔					✔
Schinkennudeln mit Erbsen	55	✔		✔			✔	✔	✔
Gratinierte Tortellini	56	✔	✔		✔				✔
Überbackene Rigatoni	57	✔		✔				✔	
Gratinierte Nudelnester mit Linsenbolognese	58	✔						✔	✔
Gratinierte Petersilienspätzle	60			✔	✔			✔	✔
Bandnudel-Lauch-Auflauf	61	✔	✔				✔		

Verlockendes unter goldgelber Haube

Bereits bevor der Auflauf auf dem Esstisch steht, strömt sein unwiderstehlicher Duft durch die Räume. Aber nicht nur der Duft betört: Für die beliebtesten Gerichte in der deutschen Küche sprechen allerlei wunderbare Eigenschaften. Es gibt sie für jeden Geschmack und Geldbeutel, sie sind einfach zuzubereiten, können ohne großen Aufwand leicht serviert werden und eignen sich sowohl für die Alltagsküche als auch für die Gästebewirtung.

Aufläufe sind stets eine Mischung aus mehreren festen Zutaten mit einer Sauce, die im Ofen gebacken werden. Einige Zutaten, die sehr kurze Garzeiten haben, wie beispielsweise Fisch oder Tomaten, verwendet man roh. Andere Lebensmittel wie z. B. Fleisch werden erst angebraten. Und auch das meiste Gemüse wird zunächst gedünstet und dann in die Auflaufform gegeben.

Zu einem Auflauf gehört unbedingt eine Sauce – von der Bechamelsauce über die Gemüsesauce bis hin zur schlichten Eiermilch ist hier alles möglich. Die Sauce sorgt nicht nur für den guten Geschmack des Auflaufs, sondern zusätzlich dafür, dass die Hitze gleichmäßig über das Gargut verteilt wird. Zu guter Letzt wird fast jeder Auflauf mit einer goldgelben, wohlschmeckenden Käsekruste gekrönt, die die Zutaten vor dem Austrocknen schützen.

Gut in Form und ideal zum Vorbereiten

Auflaufformen gibt es in Hülle und Fülle: runde, ovale und eckige, große und kleine, hohe und flache, aus Steingut, Keramik, Jenaer Glas, glasiertem Ton oder Edelstahl, mit oder ohne Dekor und in allen nur denkbaren Farben. Die diesem Set beigefügte Auflaufform für ein oder zwei Personen ist aus hochwertigem Material, hitzebeständig und antihaftbeschichtet.

Die Rezepte in dem Buch sind dieser Form angepasst. Mit ihnen haben Sie die ideale Lösung, wenn sich ein Gast ankündigt. Aber auch wenn Sie allein essen, ist rechtzeitige Vorbereitung von Vorteil, zumal sich dies mit kaum einer anderen Mahlzeit so gut bewerkstelligen lässt wie mit einem Auflauf. Kochen Sie Kartoffeln, Nudeln oder Reis ruhig schon Stunden vorher. Das Gemüse können Sie putzen, klein schneiden und kurz dünsten, ebenso das Fleisch oder Geflügel anbraten. Schichten Sie anschließend alle vorbereiteten Zutaten in die gefettete Auflaufform und stellen Sie diese in den Kühlschrank. Auch die Sauce, sei es eine Bechamelsauce oder eine Eiermilch, können Sie problemlos im Voraus zubereiten und danach kühl stellen. So haben Sie in der Zwischenzeit noch ausreichend Gelegenheit, um die Küche aufzuräumen, den Tisch zu decken und sich umzuziehen. Wenn Sie mit allem fertig sind, gießen Sie die Sauce über die Zutaten und schieben Sie das Ganze in den vorgeheizten Ofen. Und während der Auflauf darin gart, können Sie sich anderen Dingen widmen oder – falls Sie einen Gast eingeladen haben – sich um diesen kümmern, ohne hektisch zwischen Esszimmer und Küche hin und her pendeln zu müssen.

Praktische Tipps

- Damit nach Ablauf der Backzeit auch wirklich alle Zutaten auf den Punkt genau gar sind, sollte das Gemüse in gleich große Stücke geschnitten werden. Werden mehrere Gemüse - sorten verwendet, die unterschiedlich schnell gar sind, dann schneiden Sie diejenigen, die schnell garen, in größere Stücke, die Gemüsesorten, die länger brauchen, in kleine Stücke oder dünne Scheiben.

- Für alle Bestandteile des Auflaufs, die Sie extra vorgaren, gilt: Sie müssen noch Biss haben, sonst sind sie später nach dem Überbacken zu weich.

- Wenn Sie feststellen, dass die Käsekruste schon braun, aber der Auflauf noch nicht gar ist, bedecken Sie die Auflaufform sofort mit Alufolie und lassen Sie den Auflauf nun in Ruhe weiterbacken.

- Ist der Auflauf noch ganz dünnflüssig, wenn Sie ihn aus dem Backofen holen, dann stellen Sie ihn zum Weitergaren noch einige Minuten zurück in den Ofen.

Kleine Käsekunde

Ohne die Käsehaube ist ein Auflauf nur eine halbe Sache. Käse muss sein und die Auswahl ist riesig. Generell gilt: je höher der Fettgehalt des Käses, desto besser und zarter der Schmelz. Natürlich ist bei jedem Rezept eine Käsesorte angegeben, aber Sie können diese auch nach Ihrem Geschmack variieren. Die wichtigsten Käsesorten zum Überbacken stellen wir hier vor:

Appenzeller ist ein traditioneller Schweizer Alpkäse (45 % F. i. Tr.) aus roher Kuhmilch, der ursprünglich nur auf der Alm hergestellt wurde. Der Käse hat ein besonders kräftiges, würziges Aroma.

Edamer ist ein milder holländischer Käse (40% F. i. Tr.) mit einem roten Wachsmantel. Er ist besonders bei Kinder sehr beliebt.

Emmentaler gehört zu den bekanntesten Schweizer Käsesorten. Seine Löcher machten ihn berühmt. Er hat ein leicht nussiges Aroma und einen Fettgehalt von 45% F. i. Tr.

Feta ist ein leicht bröckeliger, rindenloser Weichkäse (45 % F. i. Tr.), der in Salzlake lagert. Der aus Griechenland stammende Käse wird dort aus Schafsmilch hergestellt. Wenn Sie ihn im Supermarkt kaufen, kommt er aber meist aus deutscher oder dänischer Produktion und ist aus Kuhmilch hergestellt. Feta schmilzt beim Überbacken nicht.

Gorgonzola ist Italiens berühmtester Edelpilzkäse (mind. 48 % F. i. Tr.). Er ist von der Konsistenz her fest bis cremig und süßlich-pikant im Geschmack.

Gouda ist der in Deutschland wohl am weitesten verbreitete Käse (40 % F. i. Tr.). Er stammt ursprünglich aus Holland, wird heute aber auch in Deutschland hergestellt. Mit einer gelben Kunststoffschicht überzogen, wird er traditionell in der Form eines Wagenrads geliefert. Gouda gibt es in fast jedem Supermarkt auch in verschiedenen Reifegraden zu kaufen: von „jung“ über „mittelalt“ bis „alt“. Je länger der Käse reifen durfte, umso würziger und kräftiger ist er im Geschmack.

Greyerzer – auch unter dem Namen Gruyère bekannt – ist ein Schweizer Käse aus dem Kanton Fribourg. Dieser Schnittkäse (45 % F. i. Tr.) hat kleine Löcher und ist sehr fest in seiner Konsis-

tenz. Junger Greyerzer duftet dezent. Mit zunehmender Reife wird er jedoch kräftiger.

Mozzarella wurde ursprünglich aus Büffelmilch hergestellt. Als Laib oder häufiger als Kugel (45 % F. i. Tr.), in Salzlake oder Molke eingelegt, finden wir ihn im Kühlregal eines jeden Supermarktes. Im Unterschied zum Ursprungsprodukt wird er hier aber aus Kuhmilch hergestellt angeboten.

Parmesan, wer kennt diesen berühmten Hartkäse (32 % F. i. Tr.) nicht? Kaufen Sie ihn am besten am Stück. Nur so schmeckt er würzig und pikant. Was Sie bei der Käsetheke an Geld mehr bezahlen müssen, können Sie dann an der Käsekruste des Auflaufs wieder einsparen, denn Sie kommen mit weniger Käse aus und haben dennoch ein würzigeres Aroma. Oft reicht es auch aus, einen Auflauf mit einem preiswerten Käse wie jungem Gouda zu bedecken und dann nur noch etwas Parmesan für den pikanten Geschmack darüber zu streuen.

Pecorino hat in der Konsistenz viel Ähnlichkeit mit dem weitaus berühmteren Parmesan. Er wird aus Schafsmilch hergestellt und hat einen kräftigen, würzigen Geschmack.

Ricotta ist ein italienischer Frischkäse (38 % F. i. Tr.). Typisch ist die Korbform seines Laibes. Wie pikant sein Aroma ist, hängt davon ab, ob er aus Kuh- oder Schafsmilch hergestellt worden ist.

Roquefort ist wohl der berühmteste französische Blauschimmelkäse (45 % F. i. Tr.) aus Schafsmilch. Es handelt sich dabei um einen sehr kräftigen, aromatisch würzigen Käse, der geschmacklich mit Gorgonzola vergleichbar ist.

Pfiffige Resteverwertung

Aufläufe bilden eine ideale Möglichkeit der Resteverwertung. Wenn am Vortag Kartoffeln, Reis oder Nudeln übrig geblieben sind – kein Problem: Schon mit wenigen weiteren Zutaten werden leckere Aufläufe daraus:

Kartoffeln lassen sich sehr gut mit gegartem Lauch, Speck und einer Mischung aus Eiern, Sahne und Käse überbacken.

Nudeln verschmelzen mit gekochtem Schinken, Erbsen, Eiermilch und Mozzarella zu einem leckeren Auflauf.

Reis verbindet sich am besten mit Mais, Paprikaschoten, Salami oder Thunfisch aus der Dose, mit einer Eier-Sahne-Sauce und einem kräftigen Käse zu einem schnellen Backofengericht.

Rübchenauflauf mit Schweinefilet

- einfach
- vegetarisch
- deftig ✓
- für Gäste ✓
- < 500 kcal
- schnell
- preiswert
- für Kids

Für die kleine Auflaufform

- Zubereitungszeit: ca. 50 Minuten
- Backzeit: ca. 20 Minuten

150 g Pastinaken
150 g Möhren • 150 g Steckrüben
1 kleine Zwiebel • 200 g Schweinefilet
1 EL Öl • Salz und schwarzer Pfeffer aus der Mühle
Butter für die Form • 3 Zweige Koriander (Cilantro) • 150 g Gorgonzola
2 Eier • 125 g Vollmilchjoghurt • frisch ger. Muskatnuss

1. Die Pastinaken waschen, schälen, in Scheiben schneiden und in wenig Wasser etwa 15 Minuten garen.

2. Inzwischen die Möhren und die Steckrüben waschen und schälen. Die Möhren in dünne Scheiben, die Steckrüben zuerst in Scheiben, dann in 3 cm lange, dünne Stifte schneiden. Beides getrennt in wenig Wasser etwa 8 Minuten garen.

3. Während das Gemüse gart, die Zwiebel schälen und sehr fein hacken. Das Schweinefilet kalt abspülen und mit Küchenkrepp trockentupfen. Eventuell noch vorhandene Häutchen und Fettstücke sorgfältig entfernen. Das Fleisch in knapp 1 cm dicke Scheiben, dann in feine Streifen schneiden.

4. Die Filetstreifen in dem Öl von allen Seiten anbraten, mit Salz und Pfeffer würzen, aus der Pfanne nehmen und beiseite stellen.

5. Die gehackte Zwiebel in das verbliebene Öl in der Pfanne geben und darin glasig dünsten und dann zu den Filetstreifen geben. Den Ofen auf 200 °C (Umluft 170 °C; Gas Stufe 3) vorheizen.

6. Das gegarte Gemüse in einem Sieb sorgfältig abtropfen lassen. Die Form mit Butter ausfetten, den Koriander abspülen, trockentupfen, die Blätter von den Stielen zupfen und fein hacken. Den Gorgonzola würfeln oder mit einer Gabel zerdrücken.

7. Abwechselnd Pastinaken, Filetstreifen, Korianderblättchen, Möhren und Steckrüben locker in die Form schichten.

8. Die Eier mit Joghurt und Gorgonzola in eine Schüssel geben und mit dem Schneebesen verquirlen. Die Mischung mit Salz, Pfeffer und Muskat würzen und über den Auflauf gießen. Den Auflauf auf der mittleren Schiene etwa 20 Minuten backen.

Tipps

Wenn Sie keine Pastinaken bekommen, können Sie stattdessen auch Petersilienwurzel oder auch Kartoffeln verwenden

Noch feiner wird der Auflauf, wenn Sie das Schweinefilet durch die gleiche Menge Kalbs- oder Rinderfilet ersetzen.

einfach ✓
vegetarisch
deftig ✓
für Gäste
< 500 kcal
schnell ✓
preiswert ✓
für Kids

Gemüse-Salami-Auflauf

Für die kleine Auflaufform

- Zubereitungszeit: ca. 30 Minuten
- Backzeit: ca. 25 Minuten

je 1 kleine grüne und gelbe Paprikaschote • 1 Zwiebel
200 g Aubergine • 1 große Fleischtomate
Butter für die Form • Salz und schwarzer Pfeffer aus der Mühle • 100 g italienische Salami in Scheiben
50 g Sahne • 75 g passierte Tomaten (aus der Dose) • ½ EL getr. Salbei • etwas Paprikapulver • 1 Prise Cayennepfeffer
30 g Kaschkawal (bulgarischer Schafskäse) • 30 g frisch ger. Parmesan • 1 EL Semmelbrösel

1. Die Paprikaschoten putzen, waschen, halbieren, entkernen und in feine Streifen schneiden. Die Zwiebel schälen und klein würfeln.

2. Die Aubergine waschen, vom Stielansatz befreien und in Scheiben schneiden. Die Tomate über Kreuz einritzen, etwa 15 Sekunden in kochendes Wasser geben, kalt abschrecken, enthäuten, den Stielansatz herausstechen und das Fruchtfleisch in Scheiben schneiden.

3. Den Ofen auf 250 °C (Umluft 220 °C; Gas Stufe 5) vorheizen. Die Form mit Butter ausfetten. Das Gemüse dekorativ hineinschichten, mit Salz und Pfeffer würzen und die Salamischeiben dazwischen stecken.

4. Die Sahne mit den passierten Tomaten verrühren, mit Salbei, Paprika, Cayenne und Salz pikant abschmecken und gleichmäßig verteilt über die Zutaten gießen.

5. Den Kaschkawal grob raspeln, mit Parmesan und Semmelbrösel vermischen und über den Auflauf streuen. Den Auflauf auf der mittleren Schiene im Ofen etwa 25 Minuten goldbraun backen.

Tipps

Probieren Sie statt der italienischen Salami Lammsalami. Sie macht den Auflauf noch pikanter.

Den Kaschkawal können sie durch normalen Schafskäse oder durch Feta ersetzen.

einfach ✓
vegetarisch
deftig
für Gäste ✓
< 500 kcal
schnell ✓
preiswert ✓
für Kids

Spinat-Schinken-Auflauf

700 g frischer Blattspinat (unverlesen)
60 g rote Zwiebeln • 100 g roher Schinken • 1½ EL Butter
2 Eier • 2 EL Milch • Salz und schwarzer Pfeffer aus der Mühle • etwas frisch ger. Muskatnuss
Fett für die Form • 75 g frisch ger. Appenzeller

1. Den Spinat verlesen, welke Blätter und harte Stiele entfernen, gut waschen, tropfnass in einen großen Topf geben und zugedeckt bei mittlerer Hitze in etwa 3 Minuten zusammenfallen lassen. Den Spinat gut abtropfen lassen und fein hacken.

2. Die Zwiebel schälen und klein würfeln. Den Schinken in 3 mm breite Streifen, diese in Würfel schneiden. In einer Pfanne 1 EL Butter zerlassen, die Zwiebel darin glasig dünsten. Spinat und Schinken dazugeben und weitere 3 Minuten unter Rühren dünsten. Den Ofen auf 225 °C (Umluft 200 °C; Gas Stufe 4) vorheizen. Die Form ausfetten.

3. Die Gemüsemischung vom Herd nehmen und abkühlen lassen. Eier und Milch verquirlen, mit Salz, Pfeffer und Muskat kräftig würzen und unter den abgekühlten Spinat rühren.

4. Die Spinatmischung in die Form füllen, mit dem Käse bestreuen, die restliche Butter in kleinen Flöckchen darauf verteilen. Den Auflauf auf der mittleren Schiene etwa 20 Minuten backen.

Tipp

Sie können den Spinat durch die gleiche Menge Mangold, Wirsing, Chinakohl oder Radicchio ersetzen. Allerdings sollten Sie den zerkleinerten Mangold oder Wirsing etwa 5 Minuten in wenig Fleischbrühe oder Weißwein vorgaren.

Für die kleine Auflaufform

- Zubereitungszeit: ca. 20 Minuten
- Backzeit: ca. 20 Minuten

einfach
vegetarisch
deftig ✓
für Gäste ✓
< 500 kcal
schnell
preiswert
für Kids

Türkischer Lammauflauf mit Kichererbsen

Für die kleine Auflaufform

- Zubereitungszeit: ca. 40 Minuten
- Backzeit: ca. 35 Minuten

100 g Bulgur • 150 ml Gemüsebrühe (Instant)
1 kleine Zwiebel • 1 Knoblauchzehe •
250 g Zucchini • 150 g Aubergine
250 g Kirschtomaten • 1 kleine Paprikaschote •
125 g gegarte Kichererbsen (aus der Dose)
2 EL Olivenöl • Salz und schwarzer Pfeffer aus der Mühle • 1 Lorbeerblatt • ½ EL getr. Thymian •
¼ TL gem. Kreuzkümmel (Cumin) • 5 EL Weißwein
100 g türkischer Joghurt • 250 g Lammfilets •
75 g türkischer Schnittkäse (gerieben)

1. Den Bulgur auf dem Boden der Form verteilen, die kochende Gemüsebrühe darüber gießen und quellen lassen.

2. Zwiebel und Knoblauch schälen und fein würfeln. Zucchini und Aubergine waschen, von den Stielansätzen befreien und in mundgerechte Stücke schneiden. Die Tomaten halbieren. Die Paprikaschote waschen, putzen und würfeln. Die Kichererbsen in einem Sieb abtropfen lassen.

3. 1 EL Öl in einem großen Topf erhitzen, Zwiebel und Knoblauch darin glasig dünsten. Das andere Gemüse und die Kichererbsen dazugeben, mit Salz, Pfeffer, Lorbeer, Thymian und Kreuzkümmel würzen und den Weißwein angießen. Das Gemüse bedeckt etwa 15 Minuten garen.

4. Das Lorbeerblatt aus dem Gemüse fischen und den Joghurt unterrühren. Den Ofen auf 200 °C (Umluft 170 °C; Gas Stufe 3) vorheizen.

5. Das Fleisch kalt waschen, trockentupfen, salzen und pfeffern. In einer beschichteten Pfanne 1 EL Öl erhitzen und das Fleisch auf jeder Seite etwa 2 Minuten anbraten.

6. Das Gemüse auf dem gequollenen Bulgur verteilen. Die Filets in mundgerechte Stücke schneiden, auf das Gemüse legen und den Käse darüber streuen. Den Auflauf etwa 35 Minuten backen.

einfach
vegetarisch
deftig ✓
für Gäste
< 500 kcal
schnell
preiswert ✓
für Kids ✓

Lasagne mit Hackfleisch

1 kleine Zwiebel und Knoblauchzehe •
je 60 g Knollensellerie und Möhre • 30 g durchwachsener Speck

250 g gemischtes Hackfleisch • 5 EL Weißwein •
1 EL Tomatenmark • ½ TL getr. Oregano • Salz und schwarzer Pfeffer aus der Mühle • 1 Msp. Paprikapulver

2 EL Butter • 2 ½ EL Mehl • 300 ml Milch •
300 ml Fleischbrühe • 1 Msp. ger. Muskatnuss

6 grüne Lasagneblätter (ohne Vorkochen) •
50 g frisch geriebener Parmesan

1. Zwiebel, Knoblauch, Sellerie und Möhre schälen und ebenso wie den Speck sehr klein würfeln.

2. Den Speck in einer beschichteten Pfanne knusprig ausbraten, das Gemüse dazugeben und anbraten. Das Hack hinzufügen und unter Rühren krümelig braten. Wein angießen und mit Tomatenmark, Oregano, Salz, Pfeffer und Paprika würzen.

3. Die Butter in einem Topf zerlassen. Das Mehl darin anschwitzen und unter Rühren Milch und Brühe zugießen. Aufkochen lassen und mit Salz, Pfeffer und Muskat abschmecken.

4. Den Ofen auf 200 °C (Umluft 170 °C; Gas Stufe 3) vorheizen. Den Boden der Form mit etwas weißer Sauce bedecken, eine Schicht Lasagneblätter (wahlweise auch weiße Blätter) darauf legen. Darauf die Hälfte der Hackmasse (und nach Geschmack zusätzlich Zucchinischeiben, siehe Titelfoto) und etwas Parmesan geben. Die gesamte Schichtung wiederholen. Mit einer Schicht Sauce und Parmesan abschließen. Die Lasagne auf der mittleren Schiene etwa 40 Minuten backen.

Für die kleine Auflaufform

- Zubereitungszeit: ca. 50 Minuten
- Backzeit: ca. 40 Minuten

Moussaka

- einfach
- vegetarisch
- **deftig ✓**
- für Gäste
- < 500 kcal
- schnell
- **preiswert ✓**
- **für Kids ✓**

Für die kleine Auflaufform

- Zubereitungszeit: ca. 50 Minuten
- Ruhezeit: ca. 60 Minuten
- Backzeit: ca. 40 Minuten

2 Auberginen • Salz
etwa ½ Tasse Olivenöl
200 g Kartoffeln
1 kleine Zwiebel • 200 g Lammhack • schwarzer Pfeffer aus der Mühle
200 g geschälte Tomaten (aus der Dose) • 2 EL Weißwein • 1 EL Tomatenmark • 1 Msp. Zimtpulver • 1 EL gehackte glatte Petersilie • 1 TL fein gehackte Minze
1½ EL Butter • 2 ½ EL Mehl • 300 ml Milch • 30 g frisch ger. Bergkäse

1. Die Auberginen waschen, trockentupfen und die Stielansätze entfernen. In ½ cm dicke Scheiben schneiden, großzügig mit Salz bestreuen (entzieht ihnen das Wasser) und 1 Stunde ruhen lassen.

2. Die Scheiben mit kaltem Wasser abspülen und gut trockentupfen. Eine beschichtete Pfanne mit Öl auspinseln und die Auberginenscheiben portionsweise von beiden Seiten darin anbraten. Vor jeder neuen Portion die Pfanne neu auspinseln.

3. Die Kartoffeln waschen, in leicht gesalzenem Wasser knapp gar kochen, abdämpfen, pellen und in dünne Scheiben schneiden.

4. Die Zwiebel schälen und fein hacken. 1 EL Öl in einer Pfanne erhitzen, die Zwiebel glasig und das Lammhack krümelig braten. Salzen und pfeffern.

5. Den Tomatensaft aus der Dose zu dem Fleisch geben. Die Tomaten klein schneiden und ebenfalls dazu geben. Mit Wein, Tomatenmark, Zimt, Petersilie und Minze würzen, mit Salz und Pfeffer abschmecken. Den Ofen auf 200 °C (Umluft 170 °C; Gas Stufe 3) vorheizen. Die Form mit Öl fetten.

6. Auberginen- und Kartoffelscheiben und die Hackfleischmischung übereinander einschichten, die Auberginen- und Kartoffelschicht pfeffern. Mit einer Lage Auberginen abschließen.

7. Die Butter in einem Topf zerlassen und das Mehl darin anschwitzen. Unter Rühren die Milch zufügen und die Sauce mit Salz und Pfeffer abschmecken. Die Sauce über die Moussaka gießen, den Käse darüber reiben und alles auf der mittleren Schiene etwa 40 Minuten backen.

Tipp

Lammhackfleisch erhalten Sie in türkischen Lebensmittelgeschäften, die Frischfleisch führen, oder Sie müssen es bei Ihrem Metzger vorbestellen. Sie können anstatt des Lammhackfleischs aber auch Rinderhackfleisch verwenden.

Sauerkraut-Apfel-Auflauf

einfach ✓
vegetarisch
deftig ✓
für Gäste ✓
< 500 kcal
schnell
preiswert
für Kids

Für die kleine Auflaufform

- Zubereitungszeit: ca. 50 Minuten
- Backzeit: ca. 20 Minuten

etwas Salz •
200 g vorwiegend festkochende Kartoffeln
2 große Äpfel (Boskop) • Saft von ½ Zitrone
Fett für die Form
2 EL Butter • 2 EL Mehl • ¼ l herber Cidre
2 EL Crème fraîche • schwarzer Pfeffer aus der Mühle • ½ TL getr. Majoran
400 g Sauerkraut • 1 Prise Zucker •
200 g Kassleraufschnitt

1. In einem Topf 1 l gesalzenes Wasser zum Kochen bringen. Inzwischen die Kartoffeln waschen, schälen, in 3 mm dicke Scheiben schneiden und in dem Salzwasser 3 Minuten garen. In ein Sieb abgießen und abtropfen lassen.

2. Die Äpfel schälen, vierteln und entkernen. Die Viertel des einen in je 4 Spalten schneiden, die anderen grob raspeln. Alles mit Zitronensaft beträufeln.

3. Den Ofen auf 200 °C (Umluft 170 °C; Gas Stufe 3) vorheizen. Die Form fetten. Kartoffelscheiben und Apfelspalten dachziegelartig einschichten.

4. Die Butter in einem Topf erhitzen, das Mehl darin hell anschwitzen, den Cidre angießen, zu einer glatten Sauce verrühren und aufkochen lassen.

5. Die Apfelraspel mit der Crème fraîche unter die Sauce rühren, mit Salz, Pfeffer und Majoran würzen, dann die Hälfte der Sauce über die Kartoffel- und Apfelscheiben gießen.

6. Das Sauerkraut zerpflücken, mit Salz, Zucker und Pfeffer würzen. Den Kassleraufschnitt in Streifen schneiden, beides auf der Sauce in der Form verteilen. Die restliche Sauce darüber gießen und den Auflauf auf der mittleren Schiene etwa 20 Minuten backen.

Tipps

Wenn Kinder mitessen, tauschen Sie den Cidre gegen je 1 Tasse Fleischbrühe und Apfelsaft aus.

Die Cidresauce wird pikanter, wenn Sie sie mit ½–1 EL Dijonsenf abschmecken.

einfach
vegetarisch
deftig
für Gäste ✓
< 500 kcal ✓
schnell
preiswert
für Kids

Italienischer Geflügelleberauflauf mit Rucola

300 g Rucola • 2 Fleischtomaten
1 Knoblauchzehe • 4 Salbeiblättchen •
200 g Geflügelleber • 2 EL Olivenöl • Salz und schwarzer Pfeffer aus der Mühle
Fett für die Form
100 g Mozzarella • 100 g Vollmilchjoghurt

1. Den Rucola verlesen, waschen und trockenschleudern. Die Stiele entfernen und größere Blätter in Streifen schneiden. Die Tomaten über Kreuz einritzen, kurz mit kochendem Wasser überbrühen, abschrecken, enthäuten und das Fruchtfleisch grob würfeln.

2. Den Knoblauch schälen und fein hacken, den Salbei waschen, trockentupfen und in Streifen schneiden. Die Geflügelleber kalt abspülen und trockentupfen. 1 EL Öl in einer Pfanne erhitzen und die Leber darin anbraten. Den Salbei hinzufügen, salzen und pfeffern. Die gebratene Leber herausnehmen und beiseite stellen.

3. Den Ofen auf 225 °C (Umluft 200 °C; Gas Stufe 4) vorheizen. Das restliche Öl in die Pfanne geben, den Knoblauch und den Rucola darin andünsten, mit Salz und Pfeffer würzen.

4. Die Form fetten, die Leber in Streifen schneiden. Den gedünsteten Rucola auf dem Boden der Form verteilen, die Tomatenwürfel und die Leberstreifen darauf legen, erneut pfeffern.

5. Den Mozzarella in dünne Scheiben schneiden und in die Form legen. Den Joghurt mit Salz und Pfeffer glatt rühren über dem Mozzarella verteilen. Auf der mittleren Schiene etwa 20 Minuten backen.

Für die kleine Auflaufform

- Zubereitungszeit: ca. 35 Minuten
- Backzeit: ca. 20 Minuten

Texanischer Bohnenauflauf mit Hühnerbrust

250 g Hühnerbrustfilet • 2 EL Pflanzenöl • Salz und schwarzer Pfeffer aus der Mühle
1 Zwiebel • 1 grüne Paprikaschote • ½ TL getr. Thymian
200 g gebackene Bohnen in Tomatensauce (aus der Dose) • 100 g Kidneybohnen (aus der Dose) • 50 g saure Sahne • 2 EL Ketchup • 1 Msp. Paprikapulver, rosenscharf
60 g Tacoschalen • 75 g frisch ger. Gouda

1. Das Filet waschen, trockentupfen und in schmale Streifen schneiden. 1 EL Öl in einer beschichteten Pfanne erhitzen, das Fleisch darin anbraten, salzen und pfeffern.

2. Die Zwiebel schälen und in feine Ringe schneiden. Die Paprikaschote putzen, waschen, in etwa 1 cm große Würfel schneiden. Den Ofen auf 200 °C (Umluft 170 °C; Gas Stufe 3) vorheizen, die Form fetten.

3. Das restliche Öl in einem Topf erhitzen und die Paprikawürfel darin andünsten. Die gebackenen und die abgegossenen Kidneybohnen dazugeben und aufkochen lassen. Die Sahne mit Ketchup, Paprikapulver, Thymian, Salz und Pfeffer verrühren und zu den Bohnen geben.

4. Die Filetstreifen hinzufügen und durchrühren. Die Tacoschalen damit füllen, die Schalen nebeneinander in die Form setzen. Die Zwiebelringe darauf verteilen, mit dem Käse bestreuen und auf der mittleren Schiene etwa 20 Minuten überbacken.

- **einfach ✓**
- vegetarisch
- **deftig ✓**
- für Gäste
- < 500 kcal
- schnell
- **preiswert ✓**
- **für Kids ✓**

Für die kleine Auflaufform

- Zubereitungszeit: ca. 40 Minuten
- Backzeit: ca. 20 Minuten

einfach ✓
vegetarisch
deftig ✓
für Gäste
< 500 kcal
schnell ✓
preiswert ✓
für Kids ✓

Leberkäseauflauf unter Lauchhaube

2 Stangen Lauch • 2 Portionen Kartoffelpüree (Instant)
200 g Leberkäse • Butter für die Form
2 kleine Eier • 50 g Sahne • 40 g frisch geriebener Parmesan • Salz und schwarzer Pfeffer aus der Mühle • 1 Msp. frisch geriebene Muskatnuss

1. Den Lauch putzen, in feine Ringe schneiden, gründlich waschen, tropfnass in einem Topf etwa 3 Minuten dünsten. Das Kartoffelpüree (2 Portionen) nach der Packungsanleitung zubereiten.

2. Den Leberkäse in etwa 2 cm große Quadrate schneiden. Den Ofen auf 200 °C (Umluft 170 °C; Gas Stufe 3) vorheizen und die Form fetten.

3. Die Eier trennen. Die Eiweiße mit 1 Prise Salz steif schlagen, die Eigelbe mit der Sahne und der Hälfte des Parmesans verrühren. Mit Salz, Pfeffer und Muskat würzen. Das Eiweiß vorsichtig unter die Eigelb-Sahne-Masse heben.

4. Das Kartoffelpüree in der Form verteilen. Die Leberkäsestücke und den Lauch darüber verteilen. Das Ganze mit der Eiermasse bedecken und mit dem restlichen Parmesan bestreuen. Den Auflauf auf der mittleren Schiene etwa 20 Minuten backen.

Für die kleine Auflaufform

- Zubereitungszeit: ca. 30 Minuten
- Backzeit: ca. 20 Minuten

Holländischer Fleischwurstauflauf

300 g Kohlrabi
250 g Wachsbohnen (ersatzweise Buschbohnen)
250 ml Fleischbrühe (Instant)
100 g Fleischwurst • Fett für die Form
60 g Sahne • Salz und schwarzer Pfeffer aus der Mühle • 2 Scheiben Tilsiter
1 EL Kerbelblättchen (nach Geschmack)

1. Die Kohlrabi schälen, zuerst in ½ cm dicke Scheiben, dann in 3–4 cm lange Stifte schneiden.

2. Die Bohnen waschen, abtropfen lassen, die Enden abschneiden und dabei die eventuell vorhandenen Fäden abziehen. In mundgerechte Stücke schneiden.

3. Die Fleischbrühe aufkochen, Kohlrabi und Bohnen nacheinander darin knapp 5 Minuten bissfest garen. Jeweils mit einer Schaumkelle herausheben, abtropfen lassen, die Brühe aufbewahren.

4. Die Wurst pellen, in dünne Scheiben und dann in Streifen schneiden. Den Ofen auf 200 °C (Umluft 170 °C; Gas Stufe 3) vorheizen. Die Form fetten und Bohnen, Wurst und Kohlrabi einschichten.

5. Die Brühe mit der Sahne verrühren, mit Salz und Pfeffer würzen, über das Gemüse gießen und mit den Käsescheiben belegen.

6. Den Auflauf auf der mittleren Schiene etwa 20 Minuten backen. Nach Geschmack mit Kerbelblättchen bestreuen.

einfach ✓
vegetarisch
deftig
für Gäste
< 500 kcal ✓
schnell
preiswert ✓
für Kids ✓

Für die kleine Auflaufform

- Zubereitungszeit: ca. 40 Minuten
- Backzeit: ca. 20 Minuten

Tipp

Sie können die Wurst durch die gleiche Menge geräucherte Putenbrust oder gekochten Schinken und die frischen durch TK-Bohnen ersetzen.

Sellerieauflauf mit Roquefort

300 g Staudensellerie •
125 ml Gemüsebrühe (Instant)
300 g vorwiegend festkochende Kartoffeln •Salz und schwarzer Pfeffer aus der Mühle • etwas frisch ger. Muskatnuss
150 g geräucherte Putenbrust • Fett für die Form
200 g Milch • 1 großes Ei • 100 g Roquefort

1. Den Staudensellerie putzen, waschen, die Blätter abschneiden und beiseite legen, die Stangen schräg in 2 cm lange Stücke schneiden. In der Gemüsebrühe bei geschlossenem Topf etwa 15 Minuten garen, durch ein Sieb abgießen und gut abtropfen lassen.

2. Inzwischen die Kartoffeln waschen, schälen und grob raspeln, mit Salz, Pfeffer und Muskat würzen. Den Ofen auf 200 °C (Umluft 170 °C; Gas Stufe 3) vorheizen.

3. Die Putenbrust in Streifen schneiden. Schichtweise Kartoffeln, Putenbrust und Sellerie in die gefettet Form geben.

4. Die Milch mit dem Ei verquirlen, den mit der Gabel zerdrückten Roquefort unterrühren und die Masse über den Auflauf gießen. Auf der mittleren Schiene etwa 35 Minuten backen. Den fertigen Auflauf vor dem Servieren mit ein paar Sellerieblättchen bestreuen.

Tipp

Sie können den Staudensellerie durch 400 g Chicorée oder Radicchio ersetzen, die nicht vorgegart werden müssen.

einfach ✓
vegetarisch
deftig
für Gäste ✓
< 500 kcal ✓
schnell
preiswert
für Kids

Für die kleine Auflaufform

- Zubereitungszeit: ca. 30 Minuten
- Backzeit: ca. 35 Minuten

Lasagne mit Scholle und Mittelmeergemüse

- einfach
- vegetarisch
- deftig
- **für Gäste ✓**
- **< 500 kcal ✓**
- **schnell ✓**
- preiswert
- für Kids

Für die kleine Auflaufform

- Zubereitungszeit: ca. 25 Minuten
- Backzeit: ca. 35 Minuten

je 1 kleine rote und gelbe Paprikaschote • 200 g Zucchini
2 Tomaten
1 kleine grüne Chilischote • 1 Knoblauchzehe
je ½ Bund Petersilie und Schnittlauch
2 EL Olivenöl • Salz und schwarzer Pfeffer aus der Mühle
Fett für die Form • 250 g Schollenfilet
75 g Doppelrahmfrischkäse • 3 EL trockener Weißwein • 2 EL Semmelbrösel • 1 EL Butter

1. Die Paprikaschoten halbieren, von den weißen Rippen und den Kernen befreien, waschen und in Streifen schneiden. Die Zucchini waschen, putzen und in 3 mm dicke Scheiben schneiden.

2. Die Tomaten über Kreuz einritzen, etwa 15 Sekunden in kochendes Wasser geben, kalt abschrecken, enthäuten, den Stielansatz herausstechen und das Fruchtfleisch würfeln.

3. Den Ofen auf 200 °C (Umluft 170 °C; Gas Stufe 3) vorheizen. Die Chilischote waschen, aufschlitzen, entkernen und sehr fein würfeln. Den Knoblauch schälen und fein hacken.

4. Petersilie und Schnittlauch waschen und trockentupfen. Petersilienblättchen von den Stielen zupfen und hacken, Schnittlauch in feine Röllchen schneiden.

5. Das Öl in einer Pfanne erhitzen, Gemüse, Chili und Knoblauch hineingeben und etwa 5 Minuten unter Rühren andünsten. Die Kräuter dazugeben, mit Salz und Pfeffer abschmecken.

6. Die Form fetten. Den Fisch kalt abspülen und mit Küchenkrepp trockentupfen. Eine Lage Gemüse in die Form geben, den Fisch darauf legen und mit dem restlichen Gemüse bedecken.

7. Den Frischkäse mit dem Wein cremig rühren, mit Tabasco abschmecken und über dem Gemüse verteilen. Mit Semmelbrösel bestreuen. Die Butter in sehr kleinen Flöckchen darauf setzen und den Auflauf auf der mittleren Schiene etwa 35 Minuten backen.

Tipp

Die Lasagne lässt sich einfach abwandeln. Tauschen Sie beispielsweise die Scholle und das Gemüse durch andere Sorten wie Seezunge oder Zander und Frühlingszwiebeln, Champignons oder Brokkoli aus. Alternativ können Sie mit Chinakohl, Ananas und frischen Shiitakepilzen auch eine exotische Geschmacksnote erreichen.

- einfach
- vegetarisch
- deftig
- für Gäste ✓
- < 500 kcal ✓
- schnell ✓
- preiswert
- für Kids

Bunter Räucherfischauflauf

Für die kleine Auflaufform

- Zubereitungszeit: ca. 20 Minuten
- Backzeit: ca. 30 Minuten

200 g Tomaten
400 g frische Erbsen (mit Hülsen) • Salz •
200 g Mais (aus der Dose)
½ Bund glatte Petersilie
200 g geräuchertes Makrelenfilet •
Fett für die Form
2 kleine Eier • 3 EL Milch • weißer Pfeffer aus der Mühle • 2 EL frisch ger. Pecorino • 1 EL Butter

1. Die Tomaten über Kreuz einritzen, 15 Sekunden in kochendes Wasser geben, kalt abschrecken und enthäuten. Die Stielansätze herausschneiden, die Früchte halbieren und entkernen. Das Fruchtfleisch würfeln.

2. Die Erbsen enthülsen und in kochendem Salzwasser etwa 3 Minuten blanchieren, in ein Sieb schütten. Kalt abschrecken und gut abtropfen lassen. Den Mais ebenfalls abtropfen lassen.

3. Die Petersilie waschen und trockentupfen, die Blättchen von den Stielen zupfen, fein hacken und mit Mais und Erbsen vermischen. Den Ofen auf 200 °C (Umluft 170 °C; Gas Stufe 3) vorheizen.

4. Den Fisch häuten, entgräten und in mundgerechte Stücke zerpflücken. Die Form fetten und den Fisch hineingeben. Die Tomatenwürfel und die Erbsen-Mais-Mischung darauf verteilen.

5. Die Eier mit der Milch verquirlen, mit Salz und Pfeffer würzen und über das Gemüse gießen. Den Käse darüber streuen, die Butter in sehr kleinen Flöckchen darauf setzen und den Auflauf auf der mittleren Schiene etwa 30 Minuten backen.

Tipps

Geschmacklich noch feiner wird der Auflauf mit 200 g geräuchertem Forellenfilet, das vor der Zubereitung mit Zitronensaft beträufelt wird.

Statt der frischen können Sie 200 g TK-Erbsen nehmen. Geben Sie sie gefroren in kochendes Salzwasser und garen Sie sie darin 5 Minuten.

einfach ✓
vegetarisch
deftig ✓
für Gäste
< 500 kcal
schnell
preiswert ✓
für Kids

Bücklingsauflauf mit Kartoffelbrei

1 große rote Paprikaschoten • 150 g Lauch • 1 kleine Zwiebel
2 EL Butter • 2 EL Sahne • Salz und schwarzer Pfeffer aus der Mühle
2 geräucherte Bücklinge • 2–3 Sardellenfilet (Anchovis)
2 Portionen Kartoffelpüree (Instant) • etwas frisch ger. Muskatnuss • 60 g mittelalter Gouda
Fett für die Form

1. Die Paprikaschote halbieren. Entkernen und waschen. Das Fruchtfleisch in ½ cm breite Streifen und dann in Würfel schneiden. Den Lauch putzen, längs aufschlitzen, gründlich waschen und in dünne Streifen schneiden. Die Zwiebel schälen und fein hacken.

2. In einer Pfanne 1 EL Butter erhitzen, Zwiebel und Lauch darin glasig dünsten. Die Paprikawürfel dazugeben und weitere 3 Minuten dünsten. Die Sahne zugeben, das Gemüse mit Salz und Pfeffer abschmecken und noch 5 Minuten bei schwacher Hitze köcheln lassen.

3. Inzwischen von den Bücklingen die Köpfe abschneiden, die Fische enthäuten, entgräten und grob zerkleinern. Die Sardellenfilets abspülen, mit Küchenkrepp trocken - tupfen und fein hacken. Den Ofen auf 200 °C (Umluft 170 °C; Gas Stufe 3) vorheizen.

4. Das Kartoffelpüree nach Packungsanweisung zubereiten und mit Salz, Pfeffer und Muskat würzen. Den Käse reiben und unter das Püree mischen.

5. Die Form fetten. Das Gemüse, den Fisch und die Sardellen einschichten, mit dem Püree bedecken und die restliche Butter in kleinen Flöckchen darauf verteilen. Den Auflauf auf der mittleren Schiene etwa 20 Minuten goldgelb überbacken.

Für die kleine Auflaufform

- Zubereitungszeit: ca. 40 Minuten
- Backzeit: ca. 20 Minuten

Fisch-Krabben-Auflauf

200 g Staudensellerie • 2 Fleischtomaten

1 kleine Zwiebel • 1 Knoblauchzehe • 250 g Seelachsfilet • Saft von ½ Zitrone • Salz und schwarzer Pfeffer aus der Mühle

2 EL Olivenöl

Fett für die Form • 100 g Krabbenfleisch

2 Eier • ½ TL Paprikapulver • ¼ TL getr. Thymian • ¼ TL getr. Rosmarin

1 EL Semmelbrösel • 1 EL Butter

1. Den Sellerie putzen, waschen und in 2 cm lange Stücke schneiden. Die Tomaten über Kreuz einritzen, etwa 15 Sekunden in kochendes Wasser geben, kalt abschrecken, enthäuten, den Stielansatz herausstechen, das Fruchtfleisch vierteln, entkernen und würfeln.

2. Zwiebel und Knoblauch schälen und fein würfeln. Die Fischfilets kalt abspülen, trockentupfen, in 2 cm große Würfel schneiden und mit Zitronensaft beträufeln.

3. Das Öl in einer Pfanne erhitzen. Zwiebel, Knoblauch, Sellerie und Tomaten etwa 5 Minuten darin dünsten. Den Ofen auf 200 °C (Umluft 170 °C; Gas Stufe 3) vorheizen.

4. Die Form fetten, das Gemüse hinein geben, den Fisch darauf verteilen. Die Krabben abtropfen lassen.

5. Die Eier mit Salz, Paprika, Thymian und Rosmarin verquirlen und über den Auflauf gießen. Die Krabben darauf verteilen. Mit Semmelbrösel bestreuen und die Butter in kleinen Flöckchen darauf setzen. Auf der mittleren Schiene etwa 20 Minuten backen.

- **einfach ✓**
- vegetarisch
- deftig
- **für Gäste ✓**
- **< 500 kcal ✓**
- schnell
- preiswert
- für Kids

Für die kleine Auflaufform

- Zubereitungszeit: ca. 40 Minuten
- Backzeit: ca. 20 Minuten

einfach ✓
vegetarisch
deftig ✓
für Gäste
< 500 kcal
schnell ✓
preiswert ✓
für Kids

Matjes-Kartoffel-Auflauf

4 Matjesfilets • 300 g mehlig kochende Kartoffeln
1 rote Paprikaschote
1 kleine Zwiebel • Fett für die Form
2 kleine Eier • ¼ l Milch • 1 EL Mehl •
Salz und schwarzer Pfeffer aus der Mühle
75 g Frühstücksspeck (Bacon) in Scheiben •
1 EL Semmelbrösel

1. Die Matjesfilets einige Minuten wässern. Inzwischen die Kartoffeln waschen, schälen und in hauchdünne Scheiben hobeln.

2. Den Fisch kalt abspülen, trockentupfen und in mundgerechte Stücke schneiden. Die Paprikaschote halbieren, entkernen, Stielansätze entfernen, waschen und klein würfeln.

3. Die Zwiebel schälen und fein hacken. Die Form fetten. Den Ofen auf 200 °C (Umluft 170 °C; Gas Stufe 3) vorheizen. Kartoffeln, Paprika, Zwiebel und Matjes in die Form schichten, mit ein paar Kartoffelscheiben abschließen.

4. Die Eier mit Milch und Mehl verquirlen, kräftig mit Salz und Pfeffer abschmecken und über den Auflauf gießen. Den Speck in Streifen schneiden, auf dem Auflauf verteilen, mit Semmelbrösel bestreuen und auf der mittleren Schiene etwa 45 Minuten backen.

Für die kleine Auflaufform

- Zubereitungszeit: ca. 30 Minuten
- Backzeit: ca. 45 Minuten

Tipps

Probieren Sie den Auflauf auch mit Salzheringen. Diese sollten Sie über Nacht wässern.

Mischen Sie 2 in Scheiben geschnittene Gewürzgurken unter die Kartoffeln.

Schillerlocken im Kartoffel-Möhren-Beet

einfach ✓
vegetarisch
deftig ✓
für Gäste
< 500 kcal
schnell ✓
preiswert
für Kids

Für die kleine Auflaufform

- Zubereitungszeit: ca. 20 Minuten
- Backzeit: ca. 35 Minuten

150 g Schillerlocken
400 g Kartoffeln • 150 g Möhren • 3 EL Pflanzenöl • Salz und schwarzer Pfeffer aus der Mühle
2 Eier • 4 EL Milch • 2 TL Speisestärke
40 g frisch ger. Edamer

1. Die Schillerlocken in ½ cm dicke Scheiben schneiden. Die Kartoffeln waschen und schälen. Die Möhren waschen, putzen, nach Bedarf schaben oder schälen, dann beides grob raspeln. Mit 2 EL Öl beträufeln. Mit Salz und Pfeffer kräftig würzen, gut vermischen und 10 Minuten ruhen lassen.

2. Inzwischen den Ofen auf 200 °C (Umluft 170 °C; Gas Stufe 3) vorheizen. Die Form mit dem restlichen Öl fetten.

3. Die Eier mit Milch und Speisestärke verquirlen. Mit Salz und Pfeffer würzen. Etwa 2 Drittel der Kartoffel-Möhren-Raspel in die Form geben, mit der Eiermilch begießen und den Fisch darauf verteilen.

4. Die restlichen Raspel darauf verteilen und mit dem Käse bestreuen. Auf der mittleren Schiene etwa 35 Minuten backen.

Tipps

Anstatt der Schillerlocken können Sie anderen geräucherten Fisch (z. B. Makrele, Forelle oder Heilbutt) nehmen.

Sie können das Gericht auch als Vorspeise servieren. Schneiden Sie es dann in 4 oder 6 Rechtecke, die Sie auf gemischtem Salat anrichten.

Variationen

Sie können dem Gericht eine mediterrane Note geben, indem Sie statt der Möhren die gleiche Menge Zucchini und das gewürfelte Fruchtfleisch einer großen Tomate verwenden und ihn mit 60 g Mozzarella statt mit Edamer überbacken.

Wenn Sie eine raffinierte süßliche Note ausprobieren möchten, heben Sie einen kleinen fein geraspelten Apfel, der zuvor mit etwas Zitronensaft beträufelt wurde, unter die Kartoffel-Möhren-Mischung.

Lengfisch mit Käsekruste

200 g Möhren • 125 ml Gemüsebrühe (Instant)
200 g Lauch • 1 EL Pflanzenöl • Salz und weißer Pfeffer aus der Mühle
400 g Lengfischfilet (oder Seelachsfilet) • Saft von ½ Zitrone
200 g Feta • 100 g Kräuter-Crème fraîche
Fett für die Form

1. Die Möhren waschen, putzen, schälen, in feine Scheiben schneiden und in der Gemüsebrühe etwa 10 Minuten garen, dann in einem Sieb gut abtropfen lassen.

2. Inzwischen den Lauch putzen, längs halbieren, in schmale Streifen schneiden, diese gut waschen und sehr gut abtropfen lassen. Das Öl in einer Pfanne erhitzen, den Lauch 5 Minuten darin dünsten, salzen und pfeffern.

3. Den Fisch kalt abspülen, trockentupfen, mit Zitronensaft beträufeln, salzen, pfeffern und etwas durchziehen lassen. Den Ofen auf 200 °C (Umluft 170 °C; Gas Stufe 3) vorheizen.

4. Den Feta in dünne Scheiben schneiden. Die Crème fraîche in einer Schüssel glatt rühren, mit Salz und Pfeffer würzen.

5. Die Form fetten, den Lauch auf dem Boden der Form verteilen, die Fischfilets darauf legen und die Möhrenscheiben darauf verteilen. Mit dem Käse belegen, die Crème fraîche darüber streichen und den Auflauf auf der mittleren Schiene etwa 35 Minuten backen.

einfach ✓
vegetarisch
deftig
für Gäste ✓
< 500 kcal
schnell
preiswert
für Kids

Für die kleine Auflaufform

- Zubereitungszeit: ca. 55 Minuten
- Backzeit: ca. 35 Minuten

Thunfisch-Gemüse-Auflauf

4 Tomaten
200 g Zucchini • 2 EL Olivenöl
100 g Maiskörner (aus der Dose) •
1 Dose Thunfisch im eigenen Saft)
Fett für die Form • Salz und schwarzer Pfeffer aus der Mühle • ¼ TL getr. Rosmarin
75 g Kefalotiri • 8 schwarze Oliven (ohne Stein)

1. Die Tomaten über Kreuz einritzen, etwa 15 Sekunden in kochendes Wasser geben, kalt abschrecken, enthäuten, den Stielansatz herausstechen, das Fruchtfleisch in Scheiben schneiden und entkernen.

2. Die Zucchini waschen und in Scheiben schneiden. Das Öl in einer Pfanne erhitzen und die Zucchinischeiben etwa 5 Minuten hellbraun anbraten. Den Ofen auf 200 °C (Umluft 170 °C; Gas Stufe 3) vorheizen.

3. Den Mais und den Thunfisch abtropfen lassen, den Thunfisch zerpflücken.

4. Die Form fetten, die Tomatenscheiben hineinlegen, darauf Zucchinischeiben, Thunfisch und Mais verteilen, salzen und pfeffern und mit Rosmarin bestreuen.

5. Den Käse entrinden, grob raffeln und auf dem Auflauf verteilen. Die Oliven darauf setzen und auf der mittleren Schiene etwa 20 Minuten überbacken.

Tipp

Kefalotiri ist ein griechischer Rohmilchkäse aus Schafs- oder Schafs- und Ziegenmilch. Sie können ihn durch den würzigeren Pecorino ersetzen.

einfach ✓
vegetarisch
deftig
für Gäste
< 500 kcal
schnell
preiswert ✓
für Kids ✓

Für die kleine Auflaufform

- Zubereitungszeit: ca. 40 Minuten
- Backzeit: ca. 20 Minuten

einfach ✓
vegetarisch
deftig
für Gäste
< 500 kcal ✓
schnell ✓
preiswert ✓
für Kids

Thunfisch-Makkaroni-Auflauf

Für die kleine Auflaufform

- Zubereitungszeit: ca. 20 Minuten
- Backzeit: ca. 15 Minuten

150 g Makkaroni • Salz
1 Dose Thunfisch im eigenen Saft
1 kleine Zwiebel • 1 kleine Knoblauchzehe •
6 grüne Oliven (mit Paprika gefüllt) • 1 EL Olivenöl
1 Dose geschälte Tomaten (400 g netto)
schwarzer Pfeffer aus der Mühle • 1 Msp. Paprikapulver, edelsüß • ½ TL getr. Thymian • 2 EL Sahne •
3 EL frisch ger. Parmesan

1. Die Makkaroni in reichlich kochendem Salzwasser bissfest kochen, abgießen und gut abtropfen lassen.

2. Den Thunfisch abgießen und zerpflücken. Die Zwiebel und den Knoblauch schälen und fein hacken. Die Oliven in Scheiben schneiden. Den Ofen auf 200 °C (Umluft 170 °C; Gas Stufe 3) vorheizen. Die Form mit etwas Öl fetten.

3. Das restliche Öl in einer beschichteten Pfanne erhitzen. Zwiebel und Knoblauch darin glasig dünsten. Die Tomaten samt Saft dazugeben und die Tomaten mit dem Kochlöffel grob zerkleinern.

4. Den Thunfisch dazugeben und einmal aufkochen lassen. Die Sauce mit Salz, Pfeffer, Paprika und Thymian würzen, die Sahne und 1 EL Parmesan einrühren.

5. Die Makkaroni auf dem Boden der Auflaufform verteilen. Die Sauce aus der Pfanne darüber gießen. Die Olivenscheiben darauf verteilen und mit dem restlichen Parmesan bestreuen. Auf der mittleren Schiene etwa 15 Minuten überbacken.

Tipps

Wenn Sie den Auflauf etwas gehaltvoller machen wollen, können Sie ihn zusätzlich vor dem Überbacken mit Mozzarellascheiben belegen.

Beachten Sie, dass ohne Eier hergestellte Hartweizennudeln einen besseren Biss haben als Eiernudeln.

einfach
vegetarisch
deftig
für Gäste ✓
< 500 kcal
schnell
preiswert
für Kids

Asiatischer Mangold-Fisch-Auflauf

500 g Mangold • 1 kleine Zwiebel • 1 kleine Knoblauchzehe
1 EL Butter • Sal und weißer Pfeffer aus der Mühle • etwas frisch ger. Muskatnuss • 1 TL frisch ger. Ingwerwurzel
300 g Rotbarschfilet • Saft von ½ Zitrone
50 g Sahne • 1 kleines Ei • 75 g frisch ger. Emmentaler

1. Den Mangold waschen, gut abtropfen lassen und die Blätter quer in mittelbreite Streifen schneiden. Zwiebel und Knoblauch schälen und fein hacken.

2. Gut die Hälfte der Butter in einer beschichteten Pfanne zerlassen, Zwiebel und Knoblauch darin glasig dünsten. Den Mangold dazu geben und bedeckt etwa 10 Minuten dünsten. Mit Salz, Pfeffer, Muskat und Ingwer würzen.

3. Den Fisch kalt abspülen, mit Küchenkrepp trockentupfen, salzen, pfeffern und mit Zitronensaft beträufeln. Den Ofen auf 200 °C (Umluft 170 °C; Gas Stufe 3) vorheizen, die Form mit der restlichen Butter fetten.

4. Den Boden der Form mit der Hälfte des Mangolds belegen, den Fisch darauf legen, mit dem restlichen Mangold bedecken.

5. Sahne, Ei und Käse verrühren, mit Salz, Pfeffer und Muskat würzen und über dem Auflauf verteilen. Auf der mittleren Schiene etwa 30 Minuten backen.

Für die kleine Auflaufform

- Zubereitungszeit: ca. 35 Minuten
- Backzeit: ca. 30 Minuten

Auberginenauflauf

- einfach
- vegetarisch ✓
- deftig ✓
- für Gäste ✓
- < 500 kcal
- schnell
- preiswert ✓
- für Kids

Für die kleine Auflaufform

- Zubereitungszeit: ca. 60 Minuten
- Backzeit: ca. 40 Minuten

500 g Tomaten
1 Bund Basilikum • 1 Knoblauchzehe •
Salz und schwarzer Pfeffer aus der Mühle
1 Auberginen (500 g) • ½ Tasse Olivenöl
1 große fest kochende Kartoffel (250–300 g) •
150 g Mozzarella
5 EL frisch ger. Parmesan

1. Die Tomaten über Kreuz einritzen, etwa 15 Sekunden in kochendes Wasser geben, kalt abschrecken, enthäuten, vierteln, entkernen, den Stielansatz entfernen. Das Fruchtfleisch klein schneiden, in einen Topf geben und erhitzen.

2. Das Basilikum waschen und trockentupfen. Die Blätter von den Steilen zupfen, einige kleine Blättchen beiseitelegen, die anderen in Streifen schneiden. Den Knoblauch schälen und fein hacken, beides zu den Tomaten geben. Die Sauce unter gelegentlichem Rühren sämig einkochen lassen. Mit Salz und Pfeffer abschmecken.

3. Die Aubergine waschen, Stielansatz entfernen, Frucht längs halbieren und in ½ cm breite Scheiben schneiden. Das Öl in einer kleinen Pfanne mit hohem Rand erhitzen, die Auberginenscheiben portionsweise darin ausbacken, auf Küchenkrepp abtropfen lassen und zusätzlich abtupfen.

4. Den Ofen auf 200 °C (Umluft 170 °C; Gas Stufe 3) vorheizen. Die Kartoffel schälen, längs halbieren und in dünne Scheiben schneiden. Den Mozzarella in Scheiben schneiden, die Form fetten.

5. Auberginen-, Kartoffel- und Mozzarellascheiben dachziegelartig in die Form einlegen. 3 EL des Parmesans in die Tomatensauce rühren. Die Sauce in die Form gießen.

6. Den Auflauf auf der mittleren Schiene etwa 40 Minuten backen. 10 Minuten vor Ende der Backzeit den restlichen Parmesan darüber streuen.

Tipps

Statt der frischen können Sie eine große Dose geschälte Tomaten verwenden.

Statt Auberginen (oder zusätzlich) können Sie auch Zucchinischeiben verwenden, die Sie ebenfalls erst in heißem Öl braten sollten, damit sie mehr Geschmack bekommen.

Paprikagemüse mit Nusskruste

je 1 rote und grüne Paprikaschote •
3 Frühlingszwiebeln

125 g Speisequark • 100 g Crème fraîche • Salz und schwarzer Pfeffer aus der Mühle • etwas Paprikapulver • Fett für die Form

1 Scheibe Graubrot • 50 g Walnusskerne •
1 EL Tomatenmark • 1½ EL Delikatess-Senf

25 g Butter

einfach
vegetarisch ✓
deftig
für Gäste ✓
< 500 kcal
schnell ✓
preiswert
für Kids

Für die kleine Auflaufform

- Zubereitungszeit: ca. 30 Minuten
- Backzeit: ca. 30 Minuten

1. Die Paprikaschoten halbieren, Stielansätze und Kerne entfernen, waschen, trockentupfen, in 1 cm breite Streifen und dann in Würfel schneiden. Die Frühlingszwiebeln putzen, waschen und in feine Ringe schneiden. Den Ofen auf 200 °C (Umluft 170 °C; Gas Stufe 3) vorheizen.

2. Den Quark in einer Schüssel mit etwas Crème fraîche glatt rühren, Paprikawürfe und Frühlingszwiebeln untermischen. Mit Salz, Pfeffer und Paprika würzen. Die Form fetten und die Masse hineinfüllen.

3. Das Brot entrinden, in Stücke schneiden und mit den Nüssen im Cutter zerkleinern. In eine Schüssel geben und mit der restlichen Crème fraîche, Tomatenmark und Senf verrühren. Die Masse auf das Gericht in der Form streichen.

4. Die Butter in kleinen Flöckchen darauf verteilen und den Auflauf auf der mittleren Schiene etwa 30 Minuten backen.

Tipp

Noch pikanter wird der Auflauf, wenn Sie 1–2 EL frisch geriebenen Parmesan unter den Quark mischen und das Tomatenmark durch Paprikamark ersetzen.

einfach
vegetarisch ✓
deftig
für Gäste
< 500 kcal ✓
schnell ✓
preiswert
für Kids

Tomaten-Sprossen-Auflauf

400 g Strauchtomaten • 200 g Mungbohnensprossen • 3 Frühlingszwiebeln
Fett für die Form
100 g Knoblauchgouda • 3 Stängel Basilikum • ½ rote Chilischote
100 g Dickmilch • 2 Eier • Salz und schwarzer Pfeffer aus der Mühle • einige Tropfen Tabasco

1. Die Tomaten waschen, in etwa ½ cm dicke Scheiben schneiden und die Stielansätze entfernen. Die Sprossen in einem Sieb gut abspülen und abtropfen lassen. Die Frühlingszwiebeln putzen, waschen und in Ringe schneiden.

2. Die Form fetten, die Sprossen darin verteilen, die Tomaten dachziegelartig hineinschichten und mit den Frühlingszwiebeln bestreuen. Den Ofen auf 200 °C (Umluft 170 °C; Gas Stufe 3) vorheizen.

3. Den Käse grob raspeln und etwa 3 EL davon beiseite stellen. Das Basilikum waschen, trockentupfen und die abgezupften Blätter in Streifen schneiden. Die Chilischote entkernen und fein hacken.

4. Dickmilch und Eier verquirlen, Käse, Basilikum und Chili unterrühren, mit Salz, Pfeffer und Tabasco abschmecken und über den Auflauf gießen. Mit dem restlichen Käse bestreuen und auf der mittleren Schiene etwa 30 Minuten backen.

Für die kleine Auflaufform

- Zubereitungszeit: ca. 20 Minuten
- Backzeit: ca. 30 Minuten

Karamellisierte Süßkartoffeln mit Kohlrabi

- einfach
- **vegetarisch ✓**
- **deftig ✓**
- für Gäste
- < 500 kcal
- schnell
- **preiswert ✓**
- für Kids

Für die kleine Auflaufform

- Zubereitungszeit: ca. 50 Minuten
- Backzeit: ca. 35 Minuten

350 g Süßkartoffeln (Batate)
350 g Kohlrabi • Salz
40 g Butter • 1½ EL brauner Zucker
Fett für die Form • 125 g Mozzarella
125 g Sahne • 3 TL gekörnte Gemüsebrühe • schwarzer Pfeffer aus der Mühle
1–2 EL Sonnenblumenkerne • 1 EL gehackter Kerbel oder Petersilie

1. Die Süßkartoffeln sorgfältig waschen und dabei abbürsten, trockenreiben, ungeschält in 3 mm dünne Scheiben schneiden und in kochendem Salzwasser etwa 5 Minuten vorgaren.

2. Inzwischen den Kohlrabi schälen, waschen, vierteln und die Viertel in 3 mm dicke Scheiben schneiden. Die Kartoffelscheiben mit dem Schaumlöffel aus dem Wasser heben und auf Küchenpapier gut abtropfen lassen. Den Kohlrabi in dem Kochwasser 5 Minuten vorgaren, dann herausheben und abtropfen lassen.

3. Die Hälfte der Butter in einer Pfanne zerlassen und den Zucker darin karamellisieren. Die Kartoffelscheiben 2–3 Minuten in dem Karamell schwenken, dann die Pfanne vom Herd nehmen.
Den Ofen auf 175 °C (Umluft 150 °C; Gas Stufe 2) vorheizen. Die Form fetten.

4. Den abgetropften Mozzarella halbieren und in dünne Scheiben schneiden. Kartoffel- und Kohlrabischeiben schuppenförmig in die Form schichten, die Mozzarellascheiben dazwischen stecken.

5. Die Sahne mit der gekörnten Brühe in einem kleinen Topf aufkochen. 5 Minuten einkochen lassen, mit Pfeffer abschmecken und über Gemüse und Käse gießen. Mit den Sonnenblumenkernen bestreuen und auf der mittleren Schiene etwa 35 Minuten backen. Den fertigen Auflauf vor dem Servieren mit Kerbel oder Petersilie bestreuen.

Tipps

Bei Kohlrabi haben Sie die Wahl zwischen Knollen mit weißlich grüner und bläulich roter Schale. Die weißen Knollen sind zarter, die blauen haben dafür intensiveren Geschmack.

Statt Süßkartoffeln können Sie auch normale Kartoffeln verwenden.

Eier-Mangold-Auflauf

400 g Mangoldblätter
4 Eier
1 rote Zwiebeln • 3 EL Butter • Salz und weißer Pfeffer aus der Mühle
1½ EL Mehl • ¼ l Milch • 1 EL Delikatess-Senf
60 g Gouda, grob geraspelt

1. Die Mangoldblätter waschen, trockentupfen und die weißen von den grünen Teilen trennen. Die weißen Stiele sehr klein schneiden, die grünen Blattteile grob zerschneiden.

2. Wasser zum Kochen bringen, die zimmerwarmen Eier anstechen, in etwa 10 Minuten hart kochen, abschrecken, pellen und mit dem Eierschneider in Scheiben schneiden.

3. Die Zwiebel schälen und in dünne Ringe schneiden. 1 EL Butter in einer Pfanne erhitzen, Zwiebel und das Weiße vom Mangold darin glasig dünsten. Die Blätter dazugeben und knapp 10 Minuten dünsten, dann mit Salz und Pfeffer würzen. Den Ofen auf 200 °C (Umluft 170 °C; Gas Stufe 3) vorheizen.

4. Die restliche Butter in einem Topf zerlassen. Das Mehl darin anschwitzen, die Milch angießen und unter kräftigem Rühren aufkochen lassen. Den Senf einrühren, mit Salz und Pfeffer abschmecken.

5. Die Hälfte der Sauce in die Form geben. Das Gemüse darauf verteilen und die Eierscheiben darauf legen, mit der restlichen Sauce bedecken und mit dem Käse bestreuen. Auf der mittleren Schiene 10–15 Minuten überbacken.

einfach
vegetarisch ✓
deftig
für Gäste
< 500 kcal
schnell
preiswert ✓
für Kids

Für die kleine Auflaufform

- Zubereitungszeit: ca. 45 Minuten
- Backzeit: ca. 15 Minuten

Gemüseauflauf à la Mexiko

einfach ✓
vegetarisch ✓
deftig
für Gäste
< 500 kcal ✓
schnell ✓
preiswert ✓
für Kids

Für die kleine Auflaufform

- Zubereitungszeit: ca. 30 Minuten
- Backzeit: ca. 20 Minuten

1 kleine Zwiebel • 1 kleine Knoblauchzehe • ½ rote Chilischote
3 Stangen Staudensellerie • je 1 rote und grüne Paprikaschote
1 EL Pflanzenöl • ½ Tasse Gemüsebrühe (Instant)
1 kleine Dose Kidneybohnen (255 g Abtropfgewicht) • 250 g Mais (aus der Dose) • 2 TL Tomatenmark • 1 Msp. Chilipulver • Salz und schwarzer Pfeffer aus der Mühle • 2 Spritzer Tabasco
Fett für die Form • 100 g Schmand
40 g Tortillachips • 50 g frisch ger. Emmentaler

1. Zwiebel und Knoblauch schälen und fein hacken. Die Chilischote entkernen und sehr fein schneiden. Den Sellerie waschen, putzen und in 3 mm dicke Scheiben schneiden. Die Paprikaschoten waschen, halbieren, entkernen, in Streifen und die Streifen in kleine Würfel schneiden. Die Form fetten, den Ofen auf 200 °C (Umluft 170 °C; Gas Stufe 3) vorheizen.

2. Das Öl in einem Topf erhitzen, die Zwiebel darin glasig dünsten, dann Knoblauch, Chili und das restliche Gemüse dazugeben, durchrühren, die Brühe angießen und 5 Minuten dünsten.

3. Die Bohnen und den Mais abgießen und abtropfen lassen, zu dem Gemüse geben und einmal aufkochen lassen. Mit Tomatenmark, Chilipulver, Salz, Pfeffer und Tabasco abschmecken.

4. Den Schmand unter das Gemüse rühren, alles in die Form füllen und mit den Tortillachips belegen. Mit dem Käse bestreuen und auf der mittleren Schiene etwa 20 Minuten backen.

- einfach
- vegetarisch
- **deftig ✓**
- für Gäste
- < 500 kcal
- schnell
- **preiswert ✓**
- **für Kids ✓**

Für die kleine Auflaufform

- Zubereitungszeit: ca. 1½ Stunde
- Backzeit: ca. 20 Minuten

Überbackene Pfannkuchenschnecken

125 g Weizenvollkornmehl • 2 kleine Eier • Salz • ¼ l Milch

1 kleine Zwiebel • 50 g Katenschinken (gewürfelt)

1 kleine Dose geschälte Tomaten (400 g) • 400 g Sauerkraut •50 ml Weißwein • 1 Lorbeerblatt • ½ TL Paprikapulver • schwarzer Pfeffer aus der Mühle • 50 g Crème fraîche

½ Tasse Mineralwasser (mit Kohlensäure) • 3 EL Butter

30 g frisch ger. Parmesan • 1 EL gehackte Petersilie

1. Das Mehl in einer Schüssel mit Eiern, Milch und etwas Salz zu einem glatten Teig rühren. Diesen mindesten 30 Minuten ruhen lassen.

2. Die Zwiebel schälen und würfeln. Die Schinkenwürfel in einer beschichteten Pfanne auslassen, die Zwiebelwürfel dazugeben und in dem Fett glasig dünsten. Die Tomaten abgießen, grob zerkleinern und zusammen mit dem Sauerkraut in die Pfanne geben. Den Wein angießen, Lorbeerblatt, Pfeffer und Paprika hinzufügen und etwa 10 Minuten köcheln lassen, dann die Crème fraîche unterrühren.

3. Das Mineralwasser in den Pfannkuchenteig rühren, die Butter in einem kleinen Töpfchen zerlassen. Eine beschichtete Pfanne (etwa 16 cm Ø) mit einem Backpinsel mit zerlassener Butter ausfetten und etwa 4 EL Teig hineingeben. Pfanne etwas bewegen, damit sich der Teig verteilt. Wenn die Oberfläche matt aussieht, den Pfannkuchen wenden, kurz braten, dann auf einen Teller gleiten lassen. Auf diese Art weitere 5 dünne Pfannkuchen backen. Den Teig immer wieder durchrühren.

4. Den Ofen auf 200 °C (Umluft 170 °C; Gas Stufe 3) vorheizen, die Form mit Butter fetten. Die Sauerkrautmasse nach und nach auf den Pfannkuchen verteilen, diese aufrollen, in 2 cm dicke Stücke schneiden und die Stücke nebeneinander in die Form setzen. Mit dem Parmesan bestreuen und etwa 20 Minuten überbacken. Den Auflauf vor dem Servieren mit Petersilie bestreuen.

einfach ✓
vegetarisch ✓
deftig
für Gäste
< 500 kcal ✓
schnell ✓
preiswert ✓
für Kids

Gratinierte Champignonköpfe

20 mittelgroße Champignons
1 Zwiebeln • 1 Knoblauchzehen • 50 g Knollensellerie • 6 entsteinte schwarze Oliven
1 EL Olivenöl • 3 EL Marsala • Salz und schwarzer Pfeffer aus der Mühle • 1 TL getr. Thymian
2 EL Butter • 100 g frisch ger. Provolone

1. Die Champignons gründlich putzen und mit Küchenpapier abreiben. Die Stiele aus den Köpfen drehen und fein hacken.

2. Zwiebel und Knoblauch schälen und fein hacken. Den Sellerie waschen, putzen und sehr fein würfeln. Die Oliven sehr klein schneiden.

3. Den Ofen auf 200 °C (Umluft 170 °C; Gas Stufe 3) vorheizen. Das Olivenöl in einer Pfanne erhitzen. Zwiebel, Knoblauch und Sellerie darin anbraten. Dann die Pilzstile und die Oliven dazugeben, mit dem Marsala ablöschen, salzen, pfeffern, mit Thymian würzen und etwa 10 Minuten dünsten.

4. Die Butter zerlassen, die Pilzköpfe mit der Unterseite hineintauchen und nebeneinander in die Form setzen. Mit der Masse aus der Pfanne füllen, den Provolone darüber streuen und auf der mittleren Schiene etwa 15 Minuten backen.

Für die kleine Auflaufform

- Zubereitungszeit: ca. 20 Minuten
- Backzeit: ca. 15 Minuten

Tipp

Provolone bekommen Sie in italienischen Delikatessenläden oder an gut sortierten Käsetheken im Supermarkt. Sie können auch mittelalten Gouda nehmen.

Überbackener Fenchel

einfach
vegetarisch ✓
deftig ✓
für Gäste ✓
< 500 kcal ✓
schnell
preiswert
für Kids

Für die kleine Auflaufform

- Zubereitungszeit: ca. 40 Minuten
- Backzeit: ca. 20 Minuten

2 Fenchelknollen (je 250–300 g)
Salz • Saft und Schale von 1 unbehandelten Zitrone
250 g reife Tomaten
3 EL Olivenöl • schwarzer Pfeffer aus der Mühle
1 Bund glatte Petersilie • 1 kleine Zwiebel • 1 kleine Knoblauchzehe
2 EL Semmelbrösel • 2 EL frisch ger. Parmesan

1. Die Wurzelansätze der Fenchelknollen abschneiden und alle harten Teile entfernen. Das Fenchelgrün aufbewahren. Die Knollen längs halbieren, waschen und trockentupfen.

2. Etwa 1½ l Wasser zum Kochen bringen, 1 TL Salz, Zitronensaft und -schale hineingeben und den Fenchel darin etwa 20 Minuten zugedeckt leicht köcheln lassen.

3. Inzwischen die Tomaten über Kreuz einritzen, etwa 15 Sekunden in kochendes Wasser geben, kalt abschrecken, enthäuten, vierteln, entkernen und würfeln. Den Ofen auf 200 °C (Umluft 170 °C; Gas Stufe 3) vorheizen.

4. Die Form mit 1 EL Öl auspinseln und die Tomaten hineingeben. Die Fenchelknollen mit einer Schaumkelle aus dem Kochwasser heben, abtropfen lassen und in die Form legen. Mit etwa ½ Tasse Fenchelbrühe beträufeln, mit Salz und Pfeffer würzen.

5. Die Petersilie waschen, trockentupfen, Blätter von den Stielen zupfen und fein hacken. Zwiebel und Knoblauch schälen und fein hacken. Das restliche Öl in einer Pfanne erhitzen, Zwiebel und Knoblauch darin glasig dünsten. Die Semmelbrösel unterrühren und goldbraun anrösten. Petersilie und Käse untermischen.

6. Die Bröselmischung auf den Fenchelknollen verteilen. Das Ganze auf der mittleren Schiene etwa 20 Minuten überbacken. Das Fenchelgrün waschen, trockentupfen, hacken und über die gegarten Knollen streuen.

Tipps

Fenchelknollen werden leicht trocken. Deshalb sollten Sie sie sofort nach dem Kauf in ein feuchtes Tuch wickeln und bis zur Zubereitung in den Kühlschrank legen.

Sehr delikat schmeckt Fenchel auch mit einer Sahne-Käse-Kruste: Die vorgegarten Knollen mit 2 TL zerlassener Butter in die Form geben. Über jede Hälfte 2 EL Sahne träufeln und mit Salz und Pfeffer würzen. Dann je 1 EL frisch geriebenen Parmesan darüber streuen und bei 190 °C etwa 15 Minuten überbacken, bis der Käse hellbraun wird.

Kürbis-Möhren-Auflauf

400 g Kürbisfleisch (Hokkaido) • 200 g Möhren • 1 cm frische Ingwerwurzel
1/8 l herber Cidre
30 g Sonnenblumenkerne • Fett für die Form
100 g saure Sahne • 2 Eigelb • Salz • etwas Zitronenpfeffer • etwas Kurkuma (Gelbwurz)

1. Das entkernte Kürbisfleisch in 1 cm große Würfel, die geschälten Möhren in Scheiben schneiden. Ingwer schälen und fein hacken.

2. Den Cidre in einem Topf erhitzen. Zwei Drittel des Ingwers, Kürbis und Möhren hineingeben und knapp 10 Minuten köcheln lassen, dann in ein Sieb geben und abtropfen lassen.

3. Den Ofen auf 225 °C (Umluft 200 °C; Gas Stufe 4) vorheizen. Die Sonnenblumenkerne in einer beschichteten Pfanne ohne Fett rösten. Die Form fetten, das Gemüse hineingeben und mit den Sonnenblumenkernen bestreuen.

4. Die Sahne mit den Eigelben verquirlen, den restlichen Ingwer einrühren, mit Salz, Zitronenpfeffer und Kurkuma würzen und über das Gemüse gießen. Auf der mittleren Schiene etwa 20 Minuten backen.

Tipp

Hokkaidokürbis ist für dieses Gericht besonders geeignet, denn er hat einen ausgeprägten Geschmack und seine Schale wird beim Garen so weich, dass man sie mitessen kann. Möchte man dem Gericht einen fruchtigeren Geschmack verleihen, mischt man einen gewürfelten, mürben Apfel (Boskop) unter das Gemüse, ehe man es in die Form gibt.

- **einfach ✓**
- **vegetarisch ✓**
- deftig
- für Gäste
- **< 500 kcal ✓**
- schnell
- **preiswert ✓**
- für Kids

Für die kleine Auflaufform

- Zubereitungszeit: ca. 35 Minuten
- Backzeit: ca. 20 Minuten

Kohlrabi-Zuckerschoten-Auflauf

250 g festkochende Kartoffeln •
250 g Kohlrabi • 200 g Zuckerschoten
Salz
Fett für die Form • 1 Bund glatte Petersilie
125 g Vollmilchjoghurt • 75 g Sahne •
2 Eigelb • 1 TL Meerrettich (aus dem Glas) •
weißer Pfeffer aus der Mühle
40 g frisch ger. Appenzeller

1. Kartoffeln und Kohlrabi schälen und in ½ cm große Würfel schneiden. Die Zuckerschoten waschen, putzen, entfädeln und schräg halbieren.

2. Etwa 1½ l Wasser mit 1 TL Salz zum Kochen kommen lassen. Kartoffeln und Kohlrabi darin 8 Minuten garen. Nach 4 Minuten auch die Zuckerschoten dazugeben. Durch ein Sieb abgießen und gut abtropfen lassen.

3. Den Ofen auf 200 °C (Umluft 170 °C; Gas Stufe 3) vorheizen. Die Form fetten und das abgetropfte Gemüse hineingeben. Die Petersilie waschen, trockentupfen, Blättchen von den Stielen zupfen und fein hacken.

4. Joghurt, Sahne Eigelbe und Meerrettich mit dem Schneebesen gründlich verrühren. Salzen und pfeffern und die Petersilie unterrühren. Über das Gemüse gießen.

5. Den Auflauf mit dem Käse bestreuen und auf der mittleren Schiene etwa 25 Minuten backen.

Tipp

Statt der Zuckerschoten können Sie auch 200 g TK-Erbsen nehmen.

einfach
vegetarisch ✓
deftig
für Gäste ✓
< 500 kcal ✓
schnell ✓
preiswert
für Kids

Für die kleine Auflaufform

- Zubereitungszeit: ca. 25 Minuten
- Backzeit: ca. 25 Minuten

Gefüllte Paprikaschoten

einfach ✓
vegetarisch
deftig
für Gäste
< 500 kcal
schnell
preiswert ✓
für Kids ✓

Für die kleine Auflaufform

- Zubereitungszeit: ca. 45 Minuten
- Backzeit: ca. 30 Minuten

2 große rote Paprikaschoten

1 kleine Zwiebel • 1 kleine Knoblauchzehe • 1 EL Olivenöl •50 g Risottoreis (Arborio) • 125 g Hackfleisch

50 ml Fleischbrühe (Instant) • 250 g passierte Tomaten • Salz und schwarzer Pfeffer aus der Mühle • ¼ TL Paprika

50 g Schafskäse oder Feta • 100 g Mais (aus der Dose)

30 g frisch ger. Pecorino

1. Die Paprikaschoten waschen, halbieren, die Trennwände und die Kerne entfernen. Die Zwiebel und den Knoblauch schälen und fein hacken.

2. Das Öl in einer Pfanne erhitzen, Zwiebel und Knoblauch darin glasig dünsten. Den Reis hinzugeben und rühren, bis auch er glasig geworden ist. Das Hackfleisch dazugeben und krümelig braten. Die Fleischbrühe und die Hälfte der passierten Tomaten hinzufügen. Mit Salz, Pfeffer und Paprika würzen und bedeckt etwa 10 Minuten kochen lassen.

3. Den Käse klein würfeln und mit dem Mais zu der Hackfleischmasse geben und weitere 5 Minuten köcheln lassen.

4. Den Ofen auf 200 °C (Umluft 170 °C; Gas Stufe 3) vorheizen. Die restlichen passierten Tomaten auf dem Boden der Form verstreichen. Die Paprikaschoten mit der Hackfleischmasse füllen und nebeneinander in die Form legen. Mit dem Pecorino bestreuen und auf der mittleren Schiene etwa 30 Minuten backen.

Tipp

Statt Risottoreis können Sie auch Langkornreis verwenden.

Variation

Statt der Paprikaschoten können Sie 2 kleine oder 1 große Aubergine verwenden. Diese halbieren und aushöhlen und das gehackte Fruchtfleisch zusammen mit dem Hackfleisch anbraten. Den Reis können Sie außerdem durch 150 g sehr klein gewürfelte Kartoffeln ersetzen.

Cannelloni mit Spinatfüllung in Petersiliensauce

- einfach
- vegetarisch
- deftig
- **für Gäste ✓**
- < 500 kcal
- schnell
- **preiswert ✓**
- **für Kids ✓**

Für die kleine Auflaufform

- Zubereitungszeit: ca. 45 Minuten
- Backzeit: ca. 40 Minuten

250 g TK-Blattspinat • 100 g gekochter Schinken • 125 g Ricotta • 30 g frisch ger. Parmesan • Salz und schwarzer Pfeffer aus der Mühle • etwas frisch ger. Muskatnuss

2 EL Butter

1 Bund glatte Petersilie • 2 EL Mehl • 300 ml Milch

1 Schmelzkäseecke (30 g) • 100 g Sahne

10 Cannelloni (ohne Vorkochen) • 75 g frisch ger. Gouda

1. Den aufgetauten Spinat ausdrücken und grob hacken. Den Schinken in feine Würfel schneiden, zusammen in eine Schüsse geben. Ricotta und Parmesan hinzufügen und alles miteinander vermengen. Mit Salz, Pfeffer und Muskat würzen.

2. Den Ofen auf 200 °C (Umluft 170 °C; Gas Stufe 3) vorheizen. Die Form mit 1 TL Butter fetten.

3. Die Petersilie waschen, trockentupfen, Blätter von den Stielen zupfen und hacken. Die restliche Butter in einem Topf zerlassen und das Mehl darin anschwitzen. Unter kräftigem Rühren die Milch dazugeben und die Sauce kurz aufkochen lassen.

4. Den Schmelzkäse in der Sauce auflösen, die Sahne und die Petersilie unterrühren. Die Cannelloni mit der Spinatmischung füllen und in die Form legen.

5. Die Sauce über die Cannelloni gießen, sodass sie davon bedeckt sind. Mit dem Gouda bestreuen und auf der mittleren Schiene etwa 40 Minuten backen.

Tipp

Achten Sie darauf, dass Sie Cannelloni mit der Packungsaufschrift „ohne Vorkochen" kaufen. Zu dem Auflauf passt ein Tomatensalat. Bieten Sie Gästen als Getränk einen trockenen Rotwein dazu, beispielsweise einen Dornfelder.

Variation

Als vegetarische Alternative können Sie die Cannelloni auch mit Möhren, Kohlrabi und Brokkoli (etwa 500 g Gesamtmenge) füllen. Dafür das Gemüse in sehr kleine Würfel schneiden und 5 Minuten blanchieren. Gut abtropfen lassen, mit Ricotta und Parmesan mischen und zubereiten wie im Rezept beschrieben.

Nudelauflauf

200 g Tagliatelle (Bandnudeln) • Salz
400 g Lauch
250 g Tomaten • 300 g gekochter Schinken • Fett für die Form
250 g körniger Frischkäse • 125 g Sahne • ⅛ l Milch • 2 Eier • ½ TL Paprikapulver, edelsüß • schwarzer Pfeffer aus der Mühle • 1 Prise Cayennepfeffer
150 g frisch ger. Greyerzer (Gruyère)

1. Die Nudeln in reichlich Salzwasser nach Packungsanleitung bissfest kochen, abgießen, kalt aschrecken und sehr gut abtropfen lassen.

2. Inzwischen den Lauch putzen, der Länge nach halbieren in schmale Streifen schneiden, gründlich waschen und tropfnass in einem offenen Topf etwa 3 Minuten dünsten, bis alle Flüssigkeit verdampft ist.

3. Die Tomaten waschen, trocknen und vierteln, die Stielansätze entfernen. Den Schinken in Streifen schneiden. Den Ofen auf 180 °C (Umluft 150 °C; Gas Stufe 2-3) vorheizen. Die Form fetten.

4. Die Nudeln in die Form geben, Lauch, Schinken und Tomaten darauf verteilen. Frischkäse, Sahne, Milch und Eier verquirlen, mit Salz, Pfeffer und Cayenne würzen, den Greyerzer unterrühren und alles über die Zutaten in der Form gießen. Auf der mittleren Schiene etwa 40 Minuten backen.

einfach ✓
vegetarisch
deftig ✓
für Gäste
< 500 kcal
schnell
preiswert
für Kids ✓

Für die kleine Auflaufform

- Zubereitungszeit: ca. 45 Minuten
- Backzeit: ca. 40 Minuten

einfach ✓
vegetarisch
deftig ✓
für Gäste
< 500 kcal
schnell ✓
preiswert ✓
für Kids ✓

Schinkennudeln mit Erbsen

200 g TK-Erbsen • 100 g Spirelli • Salz
150 g Mais (aus der Dose) • 150 g gekochter Schinken • Fett für die Form
3 Eier • 150 g saure Sahne • schwarzer Pfeffer aus der Mühle • etwas frisch ger. Muskatnuss
75 g frisch ger. Gouda

1. Die Erbsen auftauen lassen. Die Spirelli in Salzwasser bissfest garen, abgießen, kalt abschrecken und gut abtropfen lassen.

2. Den Mais in einem Sieb abtropfen lassen. Den Schinken fein würfeln. Den Ofen auf 200 °C (Umluft 170 °C; Gas Stufe 3) vorheizen. Die Form fetten. Die Nudeln mit Schinken, Erbsen und Mais vermischen und in die Form geben.

3. Die Eier mit der Sahne verquirlen, mit Salz, Pfeffer und Muskat würzen und über die Nudeln gießen. Den Gouda darüber streuen und den Auflauf auf der mittleren Schiene etwa 30 Minuten backen.

Für die kleine Auflaufform

- Zubereitungszeit: ca. 25 Minuten
- Backzeit: ca. 30 Minuten

Tipp

Zu dem Auflauf passt eine Tomatensauce. Dafür Zwiebelwürfel in einer Pfanne in etwas Butter glasig dünsten, passierte Tomaten zugeben, mit Salz, Pfeffer, Tomatenmark und Sahne abschmecken.

Gratinierte Tortellini

300 g reife Tomaten • 1 kleine Zwiebel • 1 Lorbeerblatt

1 knapper TL Speisestärke • Salz und schwarzer Pfeffer aus der Mühle • 1 Prise Zucker • ½ EL Butter

300 g Zucchini • 1½ EL Olivenöl • 150 g frische Tortellini (aus dem Kühlregal) • 125 g Ricotta • 2 EL Milch

30 g frisch ger. Pecorino

1. Tomaten waschen, vierteln, Stielansätze entfernen und in einen Topf geben. Die Zwiebel schälen und fein würfeln zusammen mit dem Lorbeerblatt zu den Tomaten geben und bedeckt etwa 7 Minuten dünsten. Durch ein feines Sieb in einen Topf passieren; was im Sieb hängen bleibt, wegwerfen. Die Speisestärke mit etwas Wasser anrühren, die Tomatensauce damit binden. Mit Salz, Pfeffer und Zucker abschmecken und die Butter einrühren.

2. Die gewaschenen Zucchini in ½ cm dicke Scheiben schneiden. 1 EL Öl in einer beschichteten Pfanne erhitzen und die Zucchinischeiben darin auf beiden Seiten anbraten. Die Tortellini nach Packungsanweisung garen und abgießen. Die Form mit dem restlichen Öl fetten. Den Ofen auf 250 °C (Umluft 220 °C; Gas Stufe 5) vorheizen.

3. Die Zucchinischeiben in die Form legen. Die Tomatensauce darüber gießen, die Tortellini darauf verteilen. Den Ricotta mit Milch glatt rühren und über die Tortellini geben, mit dem Pecorino bestreuen und etwa 15 Minuten überbacken.

einfach ✓
vegetarisch ✓
deftig
für Gäste ✓
< 500 kcal
schnell
preiswert
für Kids ✓

Für die kleine Auflaufform

- Zubereitungszeit: ca. 45 Minuten
- Backzeit: ca. 15 Minuten

einfach ✓
vegetarisch
deftig ✓
für Gäste
< 500 kcal
schnell
preiswert ✓
für Kids

Überbackene Rigatoni

1 kleine Zwiebel • 1 kleine Knoblauchzehen • 6 schwarze Oliven ohne Stein • 3 getrocknete Tomaten

1 EL Olivenöl • ½ TL getr. Oregano • 50 ml trockener Weißwein • 1 EL frisch gehackte Petersilie

1 kleine Dose geschälte Tomaten (400 g) • Salz und schwarzer Pfeffer aus der Mühle

150 g Rigatoni • 175 g Knoblauchwurst • Fett für die Form • 80 g Provolone in Scheiben • 25 g frisch ger. Parmesan

1. Zwiebel und Knoblauch fein würfeln, Oliven klein schneiden, getrocknete Tomaten in feine Streifen schneiden. Das Öl in einer Pfanne erhitzen. Zwiebel und Knoblauch darin glasig dünsten, den Wein angießen, Oliven getrocknete Tomaten und Oregano zugeben und bei starker Hitze 4 Minuten einkochen.

2. Den Ofen auf 200 °C (Umluft 170 °C; Gas Stufe 3) vorheizen. Die Form fetten. Die Petersilie und die Dosentomaten samt Saft in die Pfanne geben und etwas zerdrücken. Die Sauce salzen und pfeffern und unbedeckt 15 Minuten köcheln lassen.

3. Nebenher die Rigatoni in reichlich Salzwasser bissfest kochen, sehr gut abtropfen lassen. Die Wurst häuten, in Scheiben schneiden und in die Tomatensauce geben, die Nudeln untermischen und das Ganze in die Form füllen. Mit dem Provolone belegen, mit Parmesan bestreuen und auf der mittleren Schiene etwa 15 Minuten überbacken.

Für die kleine Auflaufform

- Zubereitungszeit: ca. 50 Minuten
- Backzeit: ca. 15 Minuten

Gratinierte Nudelnester mit Linsenbolognese

einfach ✓
vegetarisch
deftig
für Gäste
< 500 kcal
schnell
preiswert ✓
für Kids ✓

Für die kleine Auflaufform

- Zubereitungszeit: ca. 50 Minuten
- Backzeit: ca. 20 Minuten

250 g Spaghettini oder Capellini • Salz • 3 EL Pflanzenöl

1 kleine Zwiebel • 1 kleine Knoblauchzehe • 1 kleine grüne Paprikaschote • 6–8 Cocktail-tomaten

200 g Rinderhack • 250 g passierte Tomaten • 50 g rote Linsen • schwarzer Pfeffer aus der Mühle • ½ TL Paprikapulver, • 1–2 Spritzer Tabasco

80 g frisch ger. mittelalter Gouda

1–2 Zweige Basilikum

1. Die Nudeln in reichlich Salzwasser nach Packungsanweisung bissfest garen, abgießen, gründlich kalt abspülen, gut abtropfen lassen. Mit 1 EL Öl beträufeln und durchmischen, damit sie nicht aneinander kleben.

2. Zwiebel und Knoblauch schälen und fein würfeln. Die Paprikaschote waschen, putzen und klein würfeln, die Cocktailtomaten waschen und halbieren.

3. In einer Pfanne 1 EL Öl erhitzen, Zwiebel und Knoblauch darin glasig dünsten. Das Hackfleisch zugeben und krümelig braten. Passierte Tomaten, Paprikawürfel und die gewaschenen Linsen dazugeben. Bedeckt 10 Minuten garen, mit Salz, Pfeffer, Paprika und Tabasco abschmecken.

4. Den Ofen auf 200 °C (Umluft 170 °C; Gas Stufe 3) vorheizen. Die Form mit dem restlichen Öl fetten. Die Hackmischung auf dem Boden der Form verteilen. Mit einer Gabel 12–16 Nudelnester drehen und in die Masse drücken. Auf jedes Nest eine halbe Cocktailtomate setzen. Das Ganze mit dem Käse bestreuen und auf der mittleren Schiene etwa 20 Minuten backen.

5. Das Basilikum waschen, trockentupfen, die Blättchen von den Stielen zupfen und in Streifen schneiden. Die Basilikumstreifen auf die überbackenen Nudelnester streuen.

Tipp

Sie können für dieses Gericht normale Spaghetti nehmen, doch die dünneren Spaghettini und die noch dünneren Capellini sind ersten schneller gar und sie lassen sich besser zu kleinen Nestern drehen.

Variation

Statt Hackfleisch können Sie auch die gleiche Menge Hähnchen- oder Putenbrust verwenden. Schneiden Sie das Fleisch in möglichst schmale Streifen, dann quer in Würfel und hacken Sie es mit einem schweren Küchenmesser. Die weitere Verarbeitung entspricht dann der des Rezepts.

einfach
vegetarisch ✓
deftig ✓
für Gäste ✓
< 500 kcal
schnell
preiswert ✓
für Kids ✓

Gratinierte Petersilienspätzle

1 Bund glatte Petersilie
200 g Mehl • 2 Eier • Salz
4 Zwiebeln • 50 g durchwachsene Speck •
½ TL Zucker • schwarzer Pfeffer aus der Mühle
1 EL Butter • 100 g frisch ger. Emmentaler

Für die kleine Auflaufform

- Zubereitungszeit: ca. 1 Stunde
- Backzeit: ca. 15 Minuten

1. Die Petersilie waschen und trockentupfen. Die Blättchen von den Stielen zupfen und sehr fein hacken, damit man sie durch die Spätzlepresse drücken kann.

2. Das Mehl in eine Rührschüssel sieben, die Eier und ½ TL Salz sowie etwa 50 ml Wasser dazugeben und mit dem Handrührgerät den Teig schlagen, bis er Blasen wirft. Die Petersilie untermischen.

3. In einem großen Topf Wasser zum Kochen bringen, salzen und dann portionsweise den Teig durch die Spätzlepresse hineindrücken. Die Spätzle mit der Schaumkelle herausheben, sobald sie an die Oberfläche steigen, kalt abschrecken und gut abtropfen lassen.

4. Die Zwiebeln schälen und in feine Ringe schneiden. Den Speck in einer beschichteten Pfanne auslassen, die Zwiebeln dazugeben, anbraten, mit dem Zucker bestreuen und karamellisieren lassen. Salzen und pfeffern.

5. Den Ofen auf 250 °C (Umluft 220 °C; Gas Stufe 5) vorheizen. Die Butter in die Form geben und im Ofen zerlaufen lassen. Abwechselnd Spätzle, Zwiebeln und Käse in die Form füllen, mit Käse abschließen und etwa 15 Minuten überbacken.

Tipp

Sie können auch fertige Spätzle – Trockenware oder aus dem Kühlregal – verwenden. Die Petersilie mischen sie dann unter die Zwiebeln.

einfach ✓
vegetarisch ✓
deftig
für Gäste
< 500 kcal
schnell ✓
preiswert
für Kids

Bandnudel-Lauch-Auflauf

10 g getrocknete Steinpilze • 200 g lange Bandnudeln • 2 Stangen Lauch • Salz

100 g Roquefort • 1 EL Butter • 1 EL Mehl • 50 ml Milch • 50 g Sahne

schwarzer Pfeffer aus der Mühle • 1 EL gehackte glatte Petersilie

1. Die Pilze mit knapp ¼ l kochendem Wasser übergießen und 15 Minuten weichen lassen. Dann abgießen und das Einweichwasser durch einen Kaffeefilter laufen lassen. Die Nudeln in reichlich Salzwasser bissfest kochen.

2. Den dunkelgrünen Teil des Lauchs entfernen, die Stangen in Ringe schneiden, gründlich waschen, zu den Nudeln in das Kochwasser geben und mitgaren. Nudeln und Lauch durch ein Sieb abgießen und gut abtropfen lassen.

3. Den Roquefort zerkrümeln. Die Steinpilze klein schneiden. Den Ofen auf 200 °C (Umluft 170 °C; Gas Stufe 3) vorheizen.

4. Die Butter in einem Topf zerlassen, das Mehl darin anschwitzen, mit dem gefilterten Einweichwasser unter kräftigem Rühren eine Sauce kochen. Milch, Sahne, die Hälfte des Käses, Pilze und Petersilie hineingeben, mit Salz und Pfeffer abschmecken.

5. Nudeln und Lauch in die Form geben, die Sauce darüber gießen, mit dem restlichen Roquefort bestreuen, auf der mittleren Schiene 15 Minuten gratinieren.

Tipp

Sie können den Roquefort durch den milderen Gorgonzola oder einen anderen Blauschimmelkäse ersetzen.

Für die kleine Auflaufform

- Zubereitungszeit: ca. 40 Minuten
- Backzeit: ca. 15 Minuten

Alphabetisches Rezeptverzeichnis

Rezeptverzeichnis nach Rubriken

Edler Genuss

Mit Hackfleisch

Mit Kartoffeln

Internationaler Genuss

Mal etwas anderes

Impressum

ISBN: 978-3-8094-3032-2

Umschlaggestaltung: Atelier Versen, Bad Aibling
Projektleitung: Anja Halveland
Redaktion: Birte Schrader
Layout: red.sign, Stuttgart
Bildredaktion: Sabine Kestler
Fotos: Falken Archiv: 6-9 (Freisteller/N.N), 11, 12, 13, 18, 19, 22, 23, 25, 26, 27, 28, 29, 32, 33, 38, 39, 41, 42, 48, 49, 54, 56, 57 (U. Kerth), 14, 15, 17, 20, 21, 31, 34, 35, 43, 44, 45, 51, 53, 55, 59, 60, 61 (W. Feiler), 37, 47 (M. Brauner)

Die Ratschläge in diesem Buch sind von den Autoren und vom Verlag sorgfältig erwogen und geprüft, dennoch kann eine Garantie nicht übernommen werden. Eine Haftung der Autoren bzw. des Verlags und seiner Beauftragten für Personen-, Sach- und Vermögensschäden ist ausgeschlossen.

Satz: kreativsatz Nadine Thiel, Baldham
Druck: Anpak printing Ltd., Hongkong

Printed in China

FSC
www.fsc.org
MIX
Papier aus verantwortungsvollen Quellen
FSC® C017997

Das für diesen Titel verwendete Papier ist FSC®-zertifiziert.

260401301X817 2635 4453 6271